C.H.BECK WISSEN

Um 1500 übertraf die Wirtschaftsleistung Chinas und Indiens die Europas um ein Vielfaches. Um 1850 war Europa das unbestrittene Zentrum der Weltwirtschaft. Die Entstehung der Weltwirtschaft und der Aufstieg Europas zur führenden Wirtschaftsmacht waren die entscheidenden Entwicklungen in der Wirtschaftsgeschichte der Neuzeit. Christian Kleinschmidt fragt nach den Bedingungen für den Erfolg Europas. Dabei führt er ein in die Bevölkerungsentwicklung der Neuzeit, in Warenströme und Handelswege, in Ideen und Weltanschauungen, in Technik und Wissenschaft sowie nicht zuletzt in die Politik und ihre Institutionen. Dabei zeigt sich, dass der Aufstieg Europas ein Janusgesicht hatte: Er war mit Innovationen und Institutionen ebenso verbunden wie mit hemmungsloser Gewalt, skrupelloser Verdrängung und kolonialer Expansion.

Christian Kleinschmidt ist Professor für Wirtschafts- und Sozialgeschichte an der Philipps-Universität Marburg.

Christian Kleinschmidt

WIRTSCHAFTSGESCHICHTE DER NEUZEIT

Die Weltwirtschaft 1500–1850

Verlag C.H.Beck

Originalausgabe

Druck, Satz und Bindung: Druckerei C.H.Beck, Nördlingen
Umschlagentwurf: Uwe Göbel, München
Umschlagbild: Japanisches Gemälde eines Schiffes der Niederländischen East India Company, 1782
Printed in Germany
ISBN 978 3 406 70800 8

www.chbeck.de

Inhalt

I. «Hingehen, wo der Pfeffer wächst»

Der Pfeffer wächst vor allem in Indien, genau genommen in Malabar, an der Westküste Südindiens. Jemandem zu bedeuten, dorthin zu gehen, wo der Pfeffer wächst, gilt als Verwünschung und Ausdruck der Mißbilligung einer Person, die man möglichst weit entfernt sehen möchte. Die Formulierung geht auf den Geistlichen und Satiriker Thomas Murner zurück, der diese in seiner «Narrenbeschwörung» aus dem Jahr 1512 benutzte. Tatsächlich begaben sich seit dem 16. Jahrhundert viele Europäer dorthin, «wo der Pfeffer wächst», allerdings weniger aus Mißgunst, sondern weil Pfeffer ein wertvolles Luxusprodukt war, dem als Gewürz auch eine besondere Heilwirkung zugeschrieben wurde. Sie nahmen dafür erhebliche Strapazen, Kosten und Risiken in Kauf. So war auch für Kolumbus der Erwerb von Pfeffer ein wichtiges Motiv auf der Suche nach dem Seeweg nach Indien, da Ende des 15. Jahrhunderts der Landweg durch islamische Wirtschaftsräume versperrt war. Vasco da Gama erreichte schließlich als erster Europäer im Jahr 1498 Indien auf dem Seeweg, und er landete in Calicut/Malabar, also genau dort, wo der Pfeffer wuchs. So wurde für die Portugiesen Pfeffer zu einem der wichtigsten Handelsgüter. Auch andere europäische Mächte, wie etwa die Niederlande, unternahmen große Anstrengungen, Pfeffer aus Südindien nach Europa zu importieren – und zugleich andere Handelsmächte davon fernzuhalten. Im Jahr 1719 formulierte die Direktion der 1602 gegründeten Niederländischen Ostindienkompanie in einem Schreiben an die Kolonialverwaltung in Batavia (Indonesien), daß es «schon immer unsere Absicht gewesen ist, und an ihr halten wir fest, alle anderen Nationen so weit wie möglich aus dem Pfefferhandel auszuschließen und unter Einsatz aller merkantilen Mittel zu verhindern, daß sie sich in Indien größerer Mengen an Pfeffer, und das vielleicht gar noch zu niedrigen Preisen, bemächtigen, damit wir in Europa in den Stand versetzt werden, den betreffenden Markt zu beherrschen, dann können unsere Konkurrenten den Pfeffer – aufgrund der geringen Fehlmengen – mit nur sehr geringem oder mit überhaupt keinem Gewinn nach Europa importieren, obwohl dies oft ihre alleinige Geschäftsgrundlage ist».

Der Handel mit Pfeffer sowie mit anderen Gewürzen und Edelmetallen aus Übersee bildete eine wesentliche Grundlage für die Entstehung der Weltwirtschaft seit dem frühen 16. Jahrhundert – und Europa spielte dabei eine zentrale Rolle. Im Unterschied zur Wirtschaft des Mittelalters, die über den Fernhandel bereits unterschiedliche Kontinente miteinander verband, zeichnet sich die Wirtschaftsgeschichte der Neuzeit nach der Entdeckung Amerikas und des Seewegs nach Indien durch eine zunehmende europäische Expansion und Dominanz sowie durch die Verdichtung und Integration der globalen Wirtschaftsräume aus. Wolfgang Reinhard spricht dementsprechend von einer «Globalgeschichte der europäischen Expansion». Der Pfefferhandel steht geradezu prototypisch für diesen Prozeß, weil an ihm deutlich wird, daß sich die Schwerpunkte des Handels und der wirtschaftlichen Entwicklung zwischen dem 16. und der Mitte des 19. Jahrhunderts deutlich verschoben. Nicht mehr Asien mit den weltweit bevölkerungsreichsten und wirtschaftsstärksten Regionen Indien und China war am Ende des hier zu betrachtenden Zeitraums die wichtigste Wirtschaftsregion, sondern Europa, das freilich kein monolithischer Block war, sondern aus unterschiedlichen Mächten bestand, die, wie das Beispiel des Pfefferhandels zeigt, miteinander im Wettbewerb um wirtschaftlichen und politischen Einfluß standen.

Mitte des 19. Jahrhunderts stellte Europa etwa die Hälfte der weltweiten Wirtschaftskraft – vor allem bedingt durch den Übergang zur Industrialisierung seit dem 18. Jahrhundert – und kontrollierte fast zwei Drittel der Landfläche weltweit. Diese weltwirtschaftliche Verschiebung sowie die ihr zugrunde liegenden unterschiedlichen Entwicklungsbedingungen und -verläufe sind in die Wirtschaftsgeschichte als «Große Divergenz» («Great Divergence») eingegangen und haben seit der gleichnamigen Publikation von Kenneth Pomeranz umfangreiche Diskussionen ausgelöst, an der sich Wirtschaftshistoriker aus aller Welt beteiligten. Diese bilden für die vorliegende Publikation eine wichtige Grundlage, auch wenn es weniger um eine Geschichte des (globalen) Kapitalismus, um Aspekte des weltwirtschaftlichen Wachstums oder die Frage nach weltwirtschaftlichen Disparitäten geht, sondern um das Zusammenwachsen unterschiedlicher Wirtschaftsräume zu einer Weltwirtschaft, um Mechanismen der Verflechtung, der Integration und Interaktion, wobei auch nach Expansion und Durchdringung sowie nach Dominanz und Abhängigkeiten gefragt wird. Dabei kristallisieren sich fünf Faktoren heraus: 1. die Bevölkerungsentwicklung, und hier vor allem die (freiwillige und Zwangs-)Migration zwischen großen Wirtschaftsräumen; 2. Ideen und Weltanschauungen, die Handel und wirtschaftlichen Austausch beförderten oder auch behinderten; 3. der Austausch von Wissen und Technologie unter besonderer Berücksichtigung von Wirtschaftskontakten und Transporttechnologie (Schiffbau, Nautik, Navigation, Kommunikation); 4. die Rolle von Politik und Gewalt, wobei der Staat als Akteur und seine Wirtschafts- bzw. Handelspolitik sowie Militär, Kriegführung und Sklaverei in den Blick kommen, und schließlich 5. die Rolle von Institutionen, insbesondere hinsichtlich Handel, Recht und Märkten. Eine Gewichtung dieser fünf Faktoren erscheint wenig sinnvoll, wenn nicht gar unmöglich. Allerdings gibt es einige Aspekte, die sich über ihre Bedeutung als Antriebsfaktoren hinaus wie ein roter Faden durch die einzelnen Gliederungspunkte ziehen und somit als zentrale Thesen des Buches gelten können. Das betrifft die Rolle Europas in diesem Prozeß des Aufstiegs der Weltwirtschaft, die Gewalt als seine Begleiterscheinung sowie das Phänomen der Globalisierung, wonach die Entstehungsphase der Weltwirtschaft im Sinne einer «Proto-Globalisierung» (A. G. Hopkins; Ch. A. Bayly) als langfristiger ökonomischer Prozeß betrachtet wird, der schließlich in die erste Globalisierungsphase Ende des 19. Jahrhunderts mündete, die nach einem «Backlash» von fast einem Jahrhundert erst mit der Globalisierung seit den 1980er Jahren ihre Fortsetzung fand.

Von einer besonderen Bedeutung Europas, gar von einem «europäischen Sonderweg» im Zuge der Entwicklung der Weltwirtschaft zu sprechen, bedarf in Zeiten der Globalgeschichte und der Kritik am Eurozentrismus einer ebenso besonderen Begründung. Dabei kann noch einmal auf das Beispiel des Pfefferhandels verwiesen werden, welches zeigt, daß es in erster Linie europäische Initiativen waren, die die unterschiedlichen Wirtschaftsregionen der Welt miteinander verknüpften und durch die Entdeckung der Amerikas – auf der Suche nach dem Seeweg nach Indien – einen Kontinent einbezogen, ohne den schwerlich von einer Weltwirtschaft gesprochen werden kann. Der Aufstieg der Weltwirtschaft wird somit auf die Zeit nach 1492 datiert. Dies unterscheidet sich von Ansätzen, die von unterschiedlichen regionalen und «kleinen Weltwirtschaften» (Immanuel Wallerstein) ausgehen oder die schon für das Spätmittelalter von einer Weltwirtschaft «before the European Hegemony» (J. L. Abu-Lughod) sprechen. Schließlich waren es vor allem die Europäer, die an Gewürzen und Edelmetallen außerhalb Europas interessiert und bereit waren, dafür die Risiken und Kosten eines interkontinentalen Handels in Kauf zu nehmen. Zwar gab es auch grenzüberschreitenden Handel und Mobilität von Chinesen, Indern, Japanern oder Osmanen, doch beschränkten sich diese auf Regionen des gleichen Kontinents (mit wenigen Ausnahmen). Umgekehrt gab es keine asiatischen (von afrikanischen oder amerikanischen ganz zu schweigen) Handelsstützpunkte in Europa oder Amerika, keine asiatischen Schiffe im Atlantik und keinen asiatischen Imperialismus in Amerika oder Afrika, und es gab auch wenig Interesse Asiens am Import europäischer Waren. Allein Europa war nach der Entdeckung Amerikas und Australiens auf allen fünf Kontinenten präsent und gewann somit einen «eindeutigen Vernetzungs- und Informationsvorsprung» (Bernd Hausberger). Dies zu betonen bedeutet nicht, einem eurozentrischen Weltbild zu huldigen, sondern der Tatsache Rechnung zu tragen, daß der «Drang zur Grenzexpansion» (Bernd Hausberger), die Herstellung und Verdichtung von Handelsbeziehungen und -netzwerken, der Wissensaustausch und der Technologietransfer seit dem 16. Jahrhundert in deutlich stärkerem Maße von europäischen als von außereuropäischen Mächten ausging – und schließlich in die bereits erwähnte Schwerpunktverlagerung von einer polyzentrischen hin zu einer europäisch dominierten Weltwirtschaft mündete.

Der Vorwurf des Eurozentrismus kann sich aber auch weniger auf den Untersuchungsgegenstand als vielmehr auf den Zugang zum Thema, auf Standpunkte und eine Perspektivenverengung sowie die ausgewertete Materialgrundlage beziehen. Hier stößt der Verfasser tatsächlich an Grenzen, da er – geprägt durch die westliche Historiographie – sich im Wesentlichen auf die inzwischen fast unüberschaubare Menge deutsch- und englischsprachiger Literatur stützt und originär chinesische, indische, osmanische oder japanische Literatur nicht zur Kenntnis nehmen konnte. Auch die eurozentristische Periodisierung im Sinne der Epochen der «Frühen Neuzeit» sowie der «Neuzeit» wurden übernommen, denn die «Frühe Neuzeit» mit der Entdeckung Amerikas dient hier als Epochenschwelle, die auch den Beginn der Weltwirtschaft einläutet. Insofern handelt es sich hier tatsächlich um einen stark westlich bzw. europäisch geprägten Blick auf den Aufstieg der Weltwirtschaft.

Gewalt, so eine zweite These, war im Untersuchungszeitraum ein zentrales und legitimes Mittel zur Durchsetzung ökonomischer, politischer und kultureller Ziele. Dies gilt vor allem, aber nicht ausschließlich, für die europäischen Mächte und im Zuge des Aufstiegs der Weltwirtschaft. Eine Überhöhung der Gewalt, die im Sinne eines «Kriegskapitalismus» (Sven Beckert) als entscheidendes Movens europäischer Wirtschaftsinteressen erscheint, wird jedoch der Komplexität der Entstehung weltwirtschaftlicher Zusammenhänge und den dabei maßgeblichen Antriebsfaktoren nicht gerecht. Als eine sicherlich auch reduktionistische und plakative, aber um ein entscheidendes Attribut erweiterte Formulierung für den gewaltbegleiteten Aufstieg der Weltwirtschaft bieten sich das Begriffspaar «Geist und Gewalt» oder auch das Wort «Neugier» an; Neu-Gier steht für die Gier nach Neuem, für Besitzergreifung, das Streben nach Unbekanntem, etwa nach Pfeffer und anderen Gewürzen, Lebensmitteln oder Edelmetallen sowie auch als Bezeichnung für Innovationen in diesem Zusammenhang. Die Gier steht zudem für die damit oftmals verbundene aggressive Haltung, die zur Erreichung entsprechender Ziele zum Einsatz kam und dabei auch die Anwendung von Gewalt einschloß. Dieser innovative Charakter des westlichen Ausgreifens kommt auch in der Formel von «Geist und Gewalt» zum Ausdruck. Ulrich Sieg hat damit das Spannungsfeld der deutschen Philosophie zwischen Kaiserreich und Nationalsozialismus umrissen. Für das europäische Machtstreben und die weltwirtschaftliche Durchdringung sind «Geist und Gewalt» komplementäre Begriffe, die auf unterschiedlichen Ebenen miteinander verknüpft sind. Sie bezeichnen nicht nur parallel verlaufende Prozesse technischer Innovationsfähigkeit und militärischer Macht, die einander verstärkend als Faktoren der weltwirtschaftlichen Integration wirkten. Sie zeigten ihre Wirkmächtigkeit auch im Rahmen der europäischen Mächtekonkurrenz, die einen (militär-)technischen Wettlauf mit enormem Innovationspotential und Spin-off-Effekten innerhalb Europas bewirkte, dessen Folgen auch außerhalb Europas spürbar wurden. Philip T. Hoffman hat jüngst den Zusammenhang von politisch-militärischem Wettbewerb und technischer Innovationskraft – ähnlich wie bereits Paul Kennedy oder Herfried Münkler – als wesentliche Grundlage europäischer Dominanz in Politik und Wirtschaft hervorgehoben. Dierk Walter, dem es in seiner Darstellung über die organisierte Gewalt in der europäischen Expansion vor allem um militärische Aspekte als Ausdruck europäischer Dominanz geht, räumt ein, daß auch der Wissensaustausch und die «Wissensgemeinschaft» westlicher Imperien einen wesentlichen Faktor dieser Entwicklung darstellen.

Drittens schließlich soll der hier aufgezeigte Prozeß des Aufstiegs der Weltwirtschaft als Phase der «Proto-Globalisierung», vergleichbar dem Begriff der «Proto-Industrialisierung», verstanden werden. Ähnlich wie die «Industrialisierung vor der Industrialisierung» (P. Kriedte/H. Medick/J. Schlumbohm) und in etwa zeitgleich verlaufend, vollzog sich ein Prozeß der «Globalisierung vor der Globalisierung», gekennzeichnet durch eine zunehmende weltwirtschaftliche Verflechtung, die als langfristige, jedoch nicht linear und zielgerichtete, sondern durch Brüche und Rückschläge gekennzeichnete Entwicklung zu verstehen ist. Die Phase der «Proto-Globalisierung», die im Unterschied zu den nachfolgenden Globalisierungsphasen nur ansatzweise Konvergenzentwicklungen (z. B. Preiskonvergenzen, Löhne) erkennen ließ, endete Anfang/Mitte des 19. Jahrhunderts. Für die Jahrhundertmitte als Epochenschwelle sprechen zahlreiche Indikatoren: der Abschluß des «Inkorporationsprozesses der kapitalistischen Weltwirtschaft» (I. Wallerstein), die Hochzeit der «pax britannica» als Ausdruck des britischen Imperialismus sowie, ebenfalls ausgehend von Großbritannien, der Beginn der (kurzen) Freihandelsära bzw. des «Freihandelsimperialismus» (P. Bairoch), verbunden mit der gewaltsamen wirtschaftlichen Öffnung Chinas und Japans, der Aufstieg der USA zur führenden Wirtschaftsmacht, die Einführung des Goldstandards, technische Innovationen u. a. im Schiffbau (Dampfschiffe) sowie in der Kommunikationstechnik (Telegraph/Atlantikkabel), die Zuspitzung der «Großen Divergenz» zwischen dem Westen und den asiatischen Wirtschaftsregionen sowie schließlich der Übergang zur ersten Globalisierungsphase gegen Ende des 19. Jahrhunderts, mit der eine neue Ära der weltwirtschaftlichen Verflechtung begann.

2. Mächte – Räume – Waren: Von der polyzentrischen Weltwirtschaft zur Dominanz Europas

Im 15. und frühen 16. Jahrhundert war Asien das Zentrum der Weltwirtschaft. China war die größte Wirtschaftsmacht, und der muslimische Handel dominierte die interregionalen Wirtschaftsbeziehungen. Bei einer Welt-Gesamtbevölkerung von etwa 438 Millionen Menschen (um 1500) lebten 61 Prozent in Asien. Indien (110 Millionen) und China (103 Millionen) waren die bevölkerungsreichsten Länder. Die europäische Gesamtbevölkerung lag bei ca. 88 Millionen (20 Prozent der Welt-Gesamtbevölkerung), in Nord- und Südamerika lebten etwa 20 Millionen (ca. fünf Prozent) und in Afrika etwa 46 Millionen (etwa zehn Prozent). Die Bevölkerungsverteilung spiegelte in etwa auch die wirtschaftliche Leistungsfähigkeit der unterschiedlichen Regionen wider, wobei China um 1500 die größte und leistungsfähigste Volkswirtschaft der Welt besaß. Auch wenn die Daten aus dieser Zeit (etwa mit Blick auf Kennziffern wie das BIP) mit Vorsicht zu genießen sind, so geben sie doch einen Eindruck von den damaligen Größenverhältnissen. Danach hatte Asien um 1500 einen Anteil am weltweiten BIP von etwa 65 Prozent, Europa von knapp 24 Prozent, Nord- und Südamerika von 3,5 Prozent und Afrika von 7,4 Prozent. Allein der Anteil Chinas (25 Prozent) sowie Indiens (24,5 Prozent) am weltweiten BIP lag damit höher als derjenige Gesamteuropas (23,8 Prozent). Dies änderte sich seit dem 16. Jahrhundert grundlegend. 1870 schließlich lag der Bevölkerungsanteil Europas weltweit bei 25,9 Prozent, derjenige Asiens bei 51,7 Prozent, Nord- und Südamerikas bei 6,7 Prozent und der Anteil Afrikas war auf 7,1 Prozent gesunken. Die Wachstumsraten der europäischen Volkwirtschaften stiegen seit dem 16. Jahrhundert deutlich stärker an als in allen anderen Regionen der Welt (ausgenommen Nordamerika). Und während das BIP pro Kopf sich in Westeuropa zwischen 1500 und 1870 um das Zweieinhalbfache erhöhte, war es in Asien (mit Ausnahme Japans) sogar leicht rückläufig. Im Zuge der Industrialisierung waren die europäischen Staaten zum weltweit wichtigsten Industrieraum aufgestiegen, wobei deren Anteil am weltweiten BIP 1870 bei 45,2 Prozent lag. Großbritanniens Anteil allein machte 9,1 Prozent aus. Asien verfügte nur noch über 38,3 Prozent des weltweiten BIP, wobei der Anteil Chinas (17,2 Prozent) und Indiens (12,2 Prozent) noch immer über demjenigen der größten europäischen Wirtschaftsmacht Großbritannien lag. Nord- und Südamerika kamen zusammen auf 12,7 Prozent, während der Anteil Afrikas am weltweiten BIP sich gegenüber 1500 mehr als halbierte und jetzt bei 3,6 Prozent lag.

Dieser tiefgreifende Wandel hatte etwas mit den Verschiebungen der weltwirtschaftlichen Zusammenhänge seit dem 16. Jahrhundert zu tun, in deren Folge Europa nicht länger der «ferne Westen Eurasiens» (John Darwin) war, sondern zum neuen Gravitationszentrum globaler weltwirtschaftlicher Verflechtungen aufstieg. Zuvor hatte es mehrere große Wirtschaftszentren gegeben, die als eigene Weltwirtschaften eine Entwicklungsstufe markierten, die man als «archaische Globalisierung» (A. G. Hopkins) bezeichnen kann. Sie war gekennzeichnet durch die Herausbildung überregionaler Netzwerke zwischen unterschiedlichen Imperien, wobei religiöse Entwicklungen, Migration, Handelsbeziehungen, insbesondere zwischen großen Städten, eine Rolle spielten. So lassen sich bereits für das Spätmittelalter grob drei weltwirtschaftliche Großräume mit insgesamt acht Subsystemen unterscheiden, in denen jeweils für sich intensive Handelsbeziehungen und Wirtschaftskontakte stattfanden. Diese bestanden darüber hinaus auch zwischen den weltwirtschaftlichen Großräumen, die vor allem das Gebiet Eurasiens und den Nordosten Afrikas umfaßten. Große Teile Afrikas waren hier ebenso wenig involviert wie die Amerikas und Australien, so daß es sich nicht um ein einheitlich globales, weltweites System handelte, sondern im engeren Sinne um eine polyzentrische eurasische Weltwirtschaft.

In Europa lassen sich grob zwei Subsysteme bzw. Handelsregionen ausmachen, einerseits in Nordwesteuropa mit Brügge und Gent, dem Nord- und Ostseeraum (Hanse) sowie den Messen der Champagne als Zentren, andererseits den süd- und südosteuropäischen Wirtschaftsraum inklusive des Mittelmeers, der durch die Handelsstädte Genua und Venedig dominiert wurde. Im Vorderen Orient sind es drei Wirtschaftsräume bzw. Handelsrouten, die wiederum miteinander in Verbindung standen: eine nördliche Route, die sich über das Schwarze und das Kaspische Meer und Samarkand bis nach China erstreckte und vor allem das Mongolenreich umfaßte. Eine mittlere Route zog sich vom östlichen Mittelmeer über Bagdad und Basra und den Persischen Golf bis zum Indischen Ozean, während sich die südliche Route von Tunesien über Ägypten zu beiden Seiten des Roten Meeres ebenfalls bis zum Indischen Ozean erstreckte. Gehandelt wurden u. a. neben Baumwolle, Flachs und Zucker auch gewerbliche Produkte wie Textilien, Leder-, Glas- und Metallwaren. Als dritter weltwirtschaftlicher Großraum kristallisierte sich Asien mit drei sich überlappenden Subsystemen heraus: der muslimisch dominierte Raum des westlichen Indischen Ozeans mit der südlichen arabischen Halbinsel und dem Horn von Afrika, der indische Subkontinent sowie der südchinesisch-südostasiatische Raum mit der Straße von Malakka. Indien importierte beispielsweise persische und arabische Pferde. Persien exportierte Seide, Teppiche und Farbstoffe. Aus Ostafrika gelangten Ebenholz und Elfenbein sowie Gold und Sklaven nach Indien, das wiederum Baumwollstoffe nach Afrika exportierte. Von den südostasiatischen Inseln wurden u.a. Gewürznelken und Muskat nach Westen exportiert, während vom indischen Subkontinent Baumwollstoffe nach Südostasien gelangten und auf dem Rückweg Gewürze und Porzellan aus China den Weg nach Indien fanden.

Zwischen diesen Großwirtschaftsräumen bestand, abgesehen von der unterschiedlichen Bevölkerungsverteilung und der ungleichen Wirtschaftskraft, insofern ein nichthierarchisches Gleichgewicht, als keine dieser Regionen den Handel kontrollierte oder eine hegemoniale Stellung innerhalb dieses Austauschsystems einnahm, auch wenn es durchaus Kernregionen und periphäre bzw. semiperiphäre Regionen gab. Die polyzentrische Welt der «archaischen Globalisierung» zeichnete sich durch eine mehr oder weniger «friedliche Koexistenz» der miteinander verflochtenen Subsysteme aus. Dieses Gleichgewicht verschob sich seit dem 16. Jahrhundert allmählich. Ausschlaggebend dafür war nicht allein das «Ausgreifen des Westens» (John Darwin) durch Portugal und Spanien, sondern auch der relative Bedeutungsverlust der asiatischen Wirtschaftsregionen, insbesondere Chinas.

John Darwin bezeichnet es als «größtes Rätsel in der chinesischen Geschichte», daß die Dynamik der reichsten Volkswirtschaft der Welt seit dem 15. Jahrhundert nachließ, nachdem China sich noch wenige Jahrzehnte zuvor angeschickt hatte, die Seeherrschaft in den östlichen Ozeanen zu erringen. China hatte bis ins 15. Jahrhundert eine wirtschaftliche Expansion erfahren, die nicht zuletzt auf einer intensiven Handelstätigkeit beruhte. Die Handelsflotte galt als die größte und seetüchtigste weltweit, deren technische Ausstattung und Navigationskunst den arabischen und europäischen Standards ebenbürtig war. China verfügte über leistungsfähige staatliche Institutionen und eine umfangreiche Verkehrsinfrastruktur, über starke Handelsorganisationen, vergleichbar den europäischen Gilden, sowie über ein effektives Finanz- und Kreditwesen. Der Kern der chinesischen Handelszentren umfaßte die südchinesischen Küstenregionen, von wo aus der Handel im Indischen Ozean zwischen dem Golf von Bengalen, dem Südchinesischen Meer und der Straße von Malakka betrieben wurde. Seit der zweiten Hälfte des 15. Jahrhunderts kam es unter der Ming-Dynastie zu einer Abkehr von der interregionalen Handelstätigkeit. Dies hatte mehrere Gründe. Zum einen litt auch Asien und insbesondere China seit der ersten Hälfte des 14. Jahrhunderts unter mehreren Pestwellen. Naturkatastrophen, Hungersnöte, Korruption und Bauernaufstände führten zu einer krisenhaften Entwicklung der Wirtschaft. Zusammen mit der Bedrohung durch die Mongolen entschieden sich die Herrscher der Ming-Dynastie zu einer Verlagerung der Ressourcen in Richtung Binnenwirtschaft und Landwirtschaft. Dabei konzentrierten sich die wirtschaftlichen Aktivitäten stärker auf den Norden Chinas sowie auf die Region um Peking. Eine tiefgreifende Wirtschaftskrise Mitte des 15. Jahrhunderts zwang China zu einem Abbau der Schiffskapazitäten und führte zu einem Niedergang der Handelsflotte – mit den entsprechenden Folgen für die interregionale Handelstätigkeit. Dieser Rückgang hatte schließlich aufgrund der hohen wirtschaftlichen Verflechtung in Asien Folgen für das seit dem 13. Jahrhundert entstandene Weltwirtschaftssystem, das nun ebenfalls im Niedergang begriffen war. Dies zeigte sich regional unterschiedlich am Rückgang der Geburtenraten, des Urbanisierungsgrades und schließlich auch des Handelsvolumens. Durch den Rückzug der größten Wirtschaftsmacht der Welt entstand so ein Machtvakuum im Indischen Ozean, in das zunächst die Portugiesen, dann die Holländer und schließlich die Engländer und Franzosen eindrangen. Der «Fall des Ostens» ging somit dem «Aufstieg des Westens» voraus (Janet L. Abu-Lughod). Die Routen und Handelsbeziehungen des alten eurasischen Weltsystems aus dem 13. Jahrhundert konnten von den Europäern weitgehend übernommen werden, ja es kam zu einer regelrechten Durchdringung der asiatischen Wirtschaftsräume durch die europäischen Handelsaktivitäten. Zusammen mit der Verlagerung der europäischen Wirtschaftsaktivitäten infolge der Entdeckung der Neuen Welt in Richtung Atlantik führte dies zu einer «totalen Transformation» (Abu-Lughod) in ein neues System der modernen Weltwirtschaft.

Portugal, Spanien und die neuen Welten

Portugal und Spanien sind die Pioniere des europäischen Interkontinentalhandels. Das Interesse Portugals konzentrierte sich vor allem auf Gewürze, Getreide, Gold und Sklaven, die seit dem 15. Jahrhundert einerseits durch Landeroberungen in Nordafrika (Ceuta 1415), andererseits auf dem Seeweg (Eroberung Madeiras und der Azoren) sowie auf der Suche nach maritimen Verbindungen und Handelsmöglichkeiten etwa nach Indien befriedigt werden sollten. Dabei mußte auch die spanische Konkurrenz berücksichtigt werden, wobei der Vertrag von Tordesillas (1494) die rechtliche Grundlage bei der Aufteilung der Interessengebiete der beiden Seefahrerimperien schuf. Danach wurde die Welt in zwei Einflußsphären eingeteilt, um militärische Auseinandersetzungen zwischen Spanien und Portugal zu vermeiden. Da der Zugang zu Gewürzen wie Ingwer, Zimt oder Nelken auf dem Landweg durch die islamischen Wirtschaftsräume weitgehend blockiert war, suchte Portugal nach einem Seeweg, was schließlich durch die Indienfahrten Vasco da Gamas Ende des 15. Jahrhunderts gelang, der die Südspitze Afrikas und das Kap der Guten Hoffnung umrundete. Die Portugiesen drangen schließlich bis Ceylon, Sumatra und die Straße von Malakka vor, wobei der Zugang zu den Gewürzmärkten häufig gewaltsam erzwungen wurde. Auf der Basis der Seeherrschaft und bewaffneter Eroberungen wurden seit Ende des 15. Jahrhunderts zahlreiche Stützpunkte und Faktoreien an den Küsten des Indischen Ozeans errichtet, die im Interesse der portugiesischen Krone ein Handelsmonopol sichern sollten («Estado da India»). Die portugiesische Seeexpansion wurde sicherlich auch durch die Tatsache erleichtert, daß die anderen Imperien kaum über vergleichbar straffe Handelsorganisationen wie Monopole, Stapelrechte und Finanzierungsmöglichkeiten verfügten. Bei ihrer Expansionspolitik war die portugiesische Krone auch auf Fremdkapital angewiesen, welches u.a. durch italienische und deutsche Handelshäuser wie die Fugger und Welser sowie durch Konsortien aus italienischen und deutschen Handelshäusern aufgebracht wurde. Der private Handel übertraf dabei zunehmend den Handel der Krone. An den ostasiatischen Handelsstützpunkten entwickelte sich ein umfangreiches Verwaltungs- und Militärsystem, welches nicht allein aus den hohen Gewinnen des Gewürzhandels, sondern auch aus Zoll- und Steuereinnahmen sowie Renten und Tributen finanziert wurde. Darüber hinaus exportierten die Portugiesen auch Waren wie Korallen, Quecksilber oder Tuche nach Ostasien. Gezahlt wurde mit Edelmetallen wie Kupfer, Gold und Silber. Das Gold gelangte u.a. über die portugiesischen Faktoreien der ostafrikanischen Küste nach Indien oder aber, nach der Entdeckung Amerikas, zusammen mit Silber über Spanisch-Amerika nach Europa und Asien.

Die Gewürzproduktion Asiens stieg seit Beginn des 16. Jahrhunderts rasant an, wobei neben den Portugiesen und anderen Europäern weiterhin China ein wichtiger Importeur war. Gewürze fungierten als Nahrungs-, Genuß- und Heilmittel sowie als Aphrodisiaka und erfüllten symbolische und soziale Funktionen im Rahmen des demonstrativen Konsums von Luxusgütern. Im Laufe des 16. Jahrhunderts entwickelte sich durch den Vorstoß und die permanente Handelspräsenz Portugals und später auch anderer europäischer Imperien ein intensiver Wirtschaftsaustausch, der nicht nur Gewürze und Textilien sowie handwerkliche Produkte umfaßte, sondern der infolge der europäischen Eroberung Amerikas und dem sich anschließenden Gold- und Silberzustrom den eurasischen Wirtschaftsraum interkontinental erweiterte. Durch die Integration Amerikas erreichte die weltwirtschaftliche Verflechtung eine neue Dimension, die man als «frühkapitalistische» oder eben als «Proto-Globalisierung» bezeichnen kann.

Während Portugal seine Handelsexpansion zunächst auf den asiatischen Wirtschaftsraum konzentrierte, orientierte sich Spanien in Richtung Amerika und erschloß damit den atlantischen Wirtschaftsraum. Auch Spaniens Begehrlichkeiten richteten sich in erster Linie auf Edelmetalle, wobei die Eroberung Mittel- und Südamerikas immer auch mit dem Ziel der Missionierung und Christianisierung verbunden war, die dann wiederum die Kolonialherrschaft stabilisierte. Ausgehend von Santo Domingo (Haiti) und den Antilleninseln eroberten die Spanier unter Cortes und Pizarro das Aztekenreich und den südamerikanischen Subkontinent, wobei sie die einheimische Bevölkerung brutal unterwarfen und nicht nur durch physische Greueltaten, sondern auch infolge der Einschleppung von Krankheiten stark dezimierten. Die angestrebte Ausbeutung der Bodenschätze erfolgte, ähnlich wie bei den Portugiesen in Ostasien, mit Hilfe europäischer Handelshäuser wie etwa den Fuggern und Welsern, die sich hier insbesondere im Bergbau engagierten. Nachdem die Spanier den einheimischen Indianern das über Generationen angesammelte Gold in großen Raubzügen genommen hatten und die einheimischen Vorräte in der ersten Hälfte des 16. Jahrhunderts weitgehend ausgeschöpft waren, wurden in Kolumbien, Ecuador, Peru und Mexiko neue Gold-, Silber- und Kupfervorkommen erschlossen und mit Hilfe europäischen Know-hows ausgebeutet.

Silber spielte eine entscheidende Rolle für den Aufstieg der europäischen Handelsmächte, schließlich war es das zentrale Zahlungsmittel für die begehrten Konsumgüter wie Gewürze, Tee und Textilien, die im Gegenzug aus Asien importiert wurden. Ohne die Ausbeutung südamerikanischer Silberminen wären der europäische Wirtschaftsaufstieg und die Ausweitung des interkontinentalen Handels gar nicht möglich gewesen. Der Transport nach Asien erfolgte über Europa und das Kap der Guten Hoffnung sowie über die Acapulco-Manila-Route, die damit ein neues Zeitalter der interkontinentalen Wirtschaftsbeziehungen einläuteten, das Amerika, Europa und Asien enger miteinander verband. Potosi im heutigen Bolivien entwickelte sich zur führenden Stätte des Silberbergbaus. In der zweiten Hälfte des 16. Jahrhunderts kamen fast drei Viertel der gesamten amerikanischen Silberproduktion von dort. Potosi zählte mit mehr als 120 000 Einwohnern zu den größten Städten weltweit. Die spanische Krone war im Besitz des Bergregals, so daß ein Teil der geförderten Edelmetalle von der Krone selbst verbraucht wurde und zunehmend die gestiegenen Militärausgaben abdecken half. Ein Teil der Einnahmen verblieb bei den Konzessionären sowie den Betreibern der Bergbaustätten. Ein Großteil des Silbers floß nach Europa, in erster Linie nach Spanien. Im 16. und 17. Jahrhundert machten die Silberlieferungen mehr als 90 Prozent des Wertes der nach Spanien exportierten Güter aus. Darüber hinaus gelangte insbesondere Silber nach Italien und in die Niederlande sowie über die Philippinen, den ostasiatischen Stützpunkt des spanischen Reiches, nach China, wo die Nachfrage nach Silber besonders groß war. Die Bedeutung Spaniens für die Weltwirtschaft ergab sich in erster Linie aus den umfangreichen Edelmetallieferungen, die allerdings nicht nur positive Wirkungen auf die wirtschaftliche Entwicklung hatten. Der massive Silberzufluß aus Südamerika nach Spanien und Europa führte zwischen Mitte des 16. und Mitte des 17. Jahrhunderts zur sogenannten Preisrevolution mit deutlichen Preiserhöhungen und einem Anstieg der Lebenshaltungskosten. Diese Entwicklung wurde zusätzlich beeinflußt durch neue technische Möglichkeiten der Silbergewinnung in Europa, durch das Wachstum der Bevölkerung sowie durch einen erhöhten Geldumlauf und Münzverschlechterungen, die inflationssteigernd wirkten. Für Spanien selbst erwies sich der Edelmetallreichtum mittel- und langfristig zudem als eine Art «Ressourcenfluch» (Niall Ferguson), weil der Silberreichtum wenig Anreize für produktive Wirtschaftstätigkeit wie etwa gewerbliche Investitionen bot.

Im Unterschied dazu war der Silberzufluß in China und Indien, wo Silber vor allem als Zahlungsmittel genutzt wurde, in Zeiten wachsender Bevölkerung und Wirtschaft im 16. Jahrhundert Ausdruck einer zunehmend monetarisierten und kommerzialisierten Ökonomie. Vergleichbare Preissteigerungen wie in Europa lassen sich in China nicht beobachten. Trotz sehr unterschiedlicher Effekte des Silberstroms in Europa und Asien führte dieser doch insgesamt zu einer zunehmenden weltweiten Marktintegration. Dies wiederum zog eine Steigerung des weltweiten Verkehrsaufkommens nach sich. Die wertvollen Edelmetallfrachten wiederum mußten durch Begleitschiffe und bewaffnete Konvois abgesichert werden, um sie gegen Übergriffe und Piraterie zu schützen. Spekulation, Schmuggel und Korruption waren weitere Begleiterscheinungen des zunehmenden Edelmetallflusses seit dem 16. Jahrhundert.

Obwohl der Edelmetallförderung das Hauptinteresse des spanischen Wirtschaftsengagements in Süd- und Mittelamerika galt, spielte auch der Anbau landwirtschaftlicher Produkte eine große Rolle. Nicht zuletzt durch die teilweise Ausrottung der indigenen Bevölkerung kam es auf den frei gewordenen Ländereien zur Ausbildung landwirtschaftlicher Nutzflächen in Form von Großgrundbesitz (Haciendas), die nicht nur für den Eigenbedarf, sondern auch für den Markt produzierten. Je nach Region wurden unterschiedliche Produkte wie Weizen, Zucker, Kakao oder Tabak angepflanzt. Am Beispiel der Zuckerproduktion, die sowohl auf den spanischen Besitzungen in Mittelamerika als auch im zu Portugal gehörenden Brasilien massiv ausgebaut wurde, kann das sich seit dem 16. Jahrhundert entwickelnde transatlantische Handelssystem veranschaulicht werden. Dem «Silberzeitalter» folgte das «Zeitalter des Zuckers und der Sklaven» (Ronald Findlay/Kevin O'Rourke), wobei sich gleichzeitig der Aufstieg Englands, Frankreichs und der Niederlande andeutete, der mit einer Verschiebung der Handelsschwerpunkte vom Pazifik zum Atlantik einherging. Dabei kam es zu einem interkontinentalen Austausch von Rohstoffen, Fertigprodukten und Arbeitskräften.

Zuckerrohr wurde ursprünglich im ostasiatischen Raum angebaut und gelangte während des Mittelalters mit Hilfe der Araber über den Vorderen Orient auf die Iberische Halbinsel. Christoph Kolumbus brachte die Pflanze dann 1493 von den Kanarischen Inseln nach Santo Domingo, doch erst die Portugiesen machten Zucker zu einem Produkt der atlantischen Weltwirtschaft. Im Laufe des 16. Jahrhunderts entwickelte sich Brasilien zu einem Zentrum der Zuckerproduktion, bevor sich im 17. Jahrhundert auch Briten und Franzosen auf diesem Gebiet engagierten. Zwar standen gerade in Brasilien gute Böden für den Anbau von Zuckerrohr zur Verfügung, doch mußte ansonsten alles für die Produktion Benötigte von außen eingeführt werden, angefangen von der Zuckerrohrpflanze selbst über das notwendige Kapital, das entsprechende technische Know-how inklusive der Fachkräfte bis hin zu den Arbeitskräften auf den Plantagen und in den Produktionsanlagen. Die Spanier importierten technische Fachkräfte von den Kanarischen Inseln, die dann mit Wasserkraft angetriebene Zuckermühlen in den Kolonien errichteten, und die sich schließlich über den südamerikanischen Kontinent ausbreiteten. Insbesondere in Brasilien läßt sich ein rascher Anstieg der Zuckermühlen seit der zweiten Hälfte des 16. Jahrhunderts beobachten. Innerhalb eines halben Jahrhunderts erhöhte sich die Zahl der Mühlen etwa um das Sechsfache. Bereits um 1600 überflügelten die brasilianische Zuckerproduktion sowie der Zuckerhandel den gesamten Ostindienhandel Portugals, so daß sich hier eine Verschiebung der wirtschaftlichen Bedeutung vom Pazifik hin zum Atlantik beobachten läßt. Die rasant ansteigende Produktion erhöhte die Nachfrage nach Arbeitskräften, die aus dem regionalen Reservoir allein nicht mehr befriedigt werden konnte. Die einheimischen Indios waren den Anforderungen harter Arbeit auf den Zuckerplantagen zudem kaum gewachsen und wurden durch Krankheiten stark dezimiert. Viele entzogen sich durch Flucht der Arbeit sowie der inländischen Versklavung. Letztere war in Spanien seit 1542 verboten, so daß zunehmend Arbeitskräfte von außen importiert wurden. Da die Portugiesen einen Großteil der afrikanischen Küsten kontrollierten, verschifften sie zunehmend Arbeitskräfte aus Afrika nach Südamerika. Bereits seit Mitte des 15. Jahrhunderts griffen Portugiesen auf afrikanische Arbeitskräfte zurück, die als Sklaven im Mutterland zum Einsatz kamen. Dieses System der Sklavenarbeit wurde schließlich auf die brasilianische Plantagenwirtschaft übertragen. Ende des 16. Jahrhunderts bestand bereits etwa ein Viertel der brasilianischen Kolonialbevölkerung aus afrikanischen Sklaven. Insgesamt wurden allein im 16. Jahrhundert mehr als 100 000 Afrikaner in die portugiesischen Kolonien in Brasilien verschickt, im 17. Jahrhundert 600 000 und im 18. Jahrhundert sogar 1,3 Millionen.

Insofern übernahm Portugal eine Pionierfunktion, nicht nur hinsichtlich der Nutzung von Sklavenarbeit, sondern auch mit Blick auf die Herausbildung der Plantagenwirtschaft und des transatlantischen Handelssystems. Das Plantagensystem setzte sich in Amerika beim Anbau von Zuckerrohr, Baumwolle, Tabak, Kaffee und Kakao durch. Plantagen sind landwirtschaftliche Großbetriebe, die als kapitalistische Unternehmen charakterisiert werden können (Braudel; Mintz), welche auf der Basis privaten Kapitals landwirtschaftliche Güter produzierten und diese auf (internationalen) Märkten absetzten. Beim Anbau von Zuckerrohr bestand der Kern der Produktionsanlagen aus Zukkermühlen, Raffinerie und Sudhaus. In den Anlagen wie auch auf den Zuckerrohrfeldern kamen vor allem afrikanische Sklaven zum Einsatz. Die Leitung und Verwaltung der Plantagen oblag den Europäern. Der Absatz der Erzeugnisse erfolgte über Kommissionäre, Kaufleute und Schiffseigner aus dem Mutterland, die die Waren über den Atlantik nach Europa transportierten, wo sie über weitere Schritte der Verarbeitung, Veredelung und Distribution, z. T. auch in Verbindung mit anderen Rohstoffen und Produkten, schließlich zu den Konsumenten gelangten. Diese einzelnen, durch ein Netzwerk von Beziehungen sowie bestimmten Organisations- und Kontrollprozessen verbundenen Transaktionen bezeichnen eine Warenkette, in der die einheimischen Produzenten das schwächste Glied darstellten, während die einzelnen Stufen der Wertschöpfung, die Weiterverarbeitung, der Transport und der Absatz bis hin zum Verkauf in europäischer Hand lagen. In diesen Bereichen der Wertschöpfungsketten fielen die eigentlichen Gewinne der Zukkerproduktion sowie anderer Güter an, während die Gewinnspanne der Zuckerplantagen selbst eher gering ausfiel.

Auch wenn sich in diesem Zusammenhang der Begriff des «Kaufmanns- bzw. Handelskapitalismus» (Jürgen Kocka) durchgesetzt hat, so trifft dies für den Bereich der Plantagenwirtschaft nur in eingeschränktem Maße zu. Von den Produktionsfaktoren Boden, Arbeit und Kapital ist eigentlich nur Letzteres kapitalistischen Marktmechanismen zuzuordnen. Die Aneignung von Arbeit und Boden erfolgte weitgehend über Zwangsmechanismen und nicht über den Markt. Angemessener erscheint in diesem Zusammenhang der Begriff des Protokapitalismus, der mit Blick auf die europäischen Mutterländer mit dem Phänomen der «Protoindustrialisierung» korrespondiert, das sich etwa zeitgleich seit dem 15./16. Jahrhundert in verschiedenen europäischen Regionen herauskristallisierte und Strukturen einer internationalen, transatlantischen Arbeitsteilung beförderte. Im Rahmen des Verlags- oder Kaufsystems werden Rohstoffe aus Übersee von Kaufleuten importiert und vor allem auf der Basis ländlicher Nebenerwerbsbetriebe in arbeitsteiligen Schritten weiterverarbeitet. Ähnlich wie beim Zucker erfolgte auch im Falle der Baumwolle die Veredelung in den protoindustriellen Zentren Europas, deren Endprodukte dann in die überseeischen Plantagen reimportiert wurden. Zugleich gelangten etwa Metallerzeugnisse aus unterschiedlichen protoindustriellen Regionen Europas als Arbeitswerkzeuge in die überseeischen Plantagen. Die Plantagenwirtschaft in Amerika wie auch die protoindustriellen Gewerberegionen des europäischen Hinterlands waren somit konstitutiver Bestandteil des transatlantischen Handels- und Wirtschaftssystems.

In diesem Zusammenhang wird auch – ein wenig vereinfacht – von einem transatlantischen Dreieckshandel gesprochen, in den Europa, Afrika und die Amerikas eingebunden waren. Tatsächlich kann man zwischen den Kontinenten regelrechte Dreiecksfahrten beobachten, bei denen aus unterschiedlichen europäischen Hafenstädten in erster Linie Fertigwaren wie Textilien oder Metallwaren aus den protoindustriellen Regionen des Hinterlandes nach Afrika gelangten, wo sie teilweise gegen Sklaven eingetauscht wurden. Diese wurden dann nicht selten von denselben Schiffen auf die Westindischen Inseln verbracht, wo sie auf den Plantagen arbeiteten. Die dort produzierten Güter wie Baumwolle, Kaffee oder Zucker gelangten dann auf einer dritten Tour zur Weiterverarbeitung nach Europa. Neben diesen Dreiecksfahrten gab es aber auch andere Wege des Handelsaustausches, auch in Form bilateraler Beziehungen zwischen den Regionen der Peripherie wie den Westindischen Inseln und Nordamerika oder zwischen Brasilien und Afrika, so daß man hier eher von einem Pentagon oder Polygon sprechen sollte. Die komplexen Handelsbeziehungen führten zur Verbreitung ursprünglich amerikanischer Kulturpflanzen wie Tabak, Kakao, Mais, Maniok oder Erdnüssen in Afrika und Asien. Insgesamt entwickelte sich so ein Beziehungsgeflecht des transatlantischen Handels, wobei das System internationaler Arbeitsteilung in erster Linie auf Europa ausgerichtet war.

Niederlande, Großbritannien und Frankreich

Innerhalb Europas waren Portugiesen und Spanier die Pioniere bei der Herausbildung des transatlantischen Handelssystems gewesen. Der portugiesische Erfolg mit der Produktion und dem Handel von Zucker veranlaßte die Holländer dazu, große Mengen brasilianischen Zuckers aufzukaufen und zur Weiterverarbeitung in neu errichtete Raffinerien in Amsterdam zu transportieren. Damit schickten sich die Holländer an, in die Phalanx des Atlantikhandels der Portugiesen und der Spanier, mit denen sie zugleich Krieg führten, einzubrechen. Dies betraf sowohl ihr Engagement im Atlantik wie auch im Pazifik. Ausdruck dieser massiven, weltweit orientierten Wirtschaftsinteressen war die Gründung der niederländischen Vereinigten Ostindischen Companie (VOC) im Jahr 1602 sowie der Vereinigten Westindischen Companie (WIC) 1621. Bereits seit dem 14. Jahrhundert hatte es unter anderem in Italien Vorläufer der großen Handelskompanien gegeben, die sich seit dem 16. Jahrhundert durch enge Verbindungen zwischen Staat, Fernhandel und Kreditgewerbe auszeichneten. Daraus entwickelte sich ein Handelsmonopol, bei dem den Kompanien hoheitliche Befugnisse zugestanden wurden, die sie zum Erwerb von Grundbesitz, dem Bau von Festungen und der Rechtsprechung ermächtigten. Zugleich schufen die Kompanien eine militärische und kaufmännische

Infrastruktur, die sie zu einem wichtigen Machtfaktor beim Aufbau globaler Handelsnetze werden ließ. Zudem gelten die Handelskompanien als Vorformen moderner Aktiengesellschaften, da sie Anteilsscheine ausgaben, um die umfangreichen Investitionen wie auch die militärischen Sicherungsmaßnahmen zu finanzieren. Die VOC nahm hier eine Vorreiterfunktion ein, und sie unterschied sich von den nachfolgenden Handelsgesellschaften vor allem durch ihr intensives Engagement im innerasiatischen Handel. Zur Niederländischen Ostindienkompanie mit Sitz in Amsterdam und Middelburg gehörten im 17./18. Jahrhundert insgesamt etwa 4700 Schiffe, die vor allem mit Pfeffer, Zucker, Tee, Kaffee, Seide, Muskat und Nelken, aber auch mit Baumwolle und Textilien zwischen Malakka, Indien, China und Japan handelten. Mit weltweit 36000 Männern in ihren Diensten (1750) galt sie als die weltweit größte (Handels-)Unternehmung. Dabei verschob sich der Anteil der wichtigsten von Asien nach Europa exportierten Güter der Ostindienkompanie zwischen dem 17. und 18. Jahrhundert, bedingt durch sich wandelnde Nachfragestrukturen, von Pfeffer (56 Prozent um 1620; elf Prozent um 1780) und Gewürzen in Richtung Textilien und Rohseide (16 Prozent um 1620; 33 Prozent um 1780) sowie Kaffee und Tee. Beim Handel über die Kaproute hatten die Niederländer hinsichtlich der Anzahl der Schiffe bereits Ende des 16. Jahrhunderts die Portugiesen überflügelt, bezüglich des Handelsvolumens dann seit Beginn des 17. Jahrhunderts.

Neben dem Gewürzhandel engagierten sich die Niederlande auch auf dem Gebiet der Plantagenwirtschaft sowie des Edelmetall- und des Sklavenhandels. Schon zu Beginn des 17. Jahrhunderts kontrollierten sie mit Hilfe der Westindischen Handelskompanie mehr als 50 Prozent des brasilianischen Zuckerhandels, errangen die Vorherrschaft im transatlantischen Sklavenhandel, verdrängten die Portugiesen als weltweit führende Handelsgroßmacht und waren dabei auf drei Kontinenten aktiv. Nimmt man zusätzlich die landwirtschaftliche Leistungsfähigkeit, die Herausbildung gewerblicher Strukturen (Textil-, Keramik-, Papiergewerbe) und vor allem die Bedeutung Amsterdams als wichtigster europäischer Kapitalmarkt im 17. und (teilweise) im 18. Jahrhundert («Goldenes Zeitalter») in den Blick, so läßt sich von einer «Dutch Hegemony» der Weltwirtschaft bzw. der niederländischen als der «First Modern Economy» sprechen (Immanuel Wallerstein; Jan de Vries).

Etwas zeitversetzt erfolgte der Aufstieg Englands als global agierende Handels- und Wirtschaftsmacht. Und auch hier spielten Zucker und neue Stoffe wie die «new draperies», leichtere und preiswertere Gemische aus Wolle und Leinen, eine Schlüsselrolle. Damit verbunden war eine gravierende geographische Verschiebung der Weltwirtschaft. Mit der im Jahr 1600 gegründeten East India Company drängten britische Kaufleute im 17. Jahrhundert in den asiatischen Textilhandel, im Laufe des 18. Jahrhunderts zunehmend auch in den Baumwollhandel in Indien. Die fertigen Textilien gelangten schließlich über Kaufleute bzw. Verleger-Unternehmer in unterschiedliche Regionen der Welt, u. a. auch auf die Plantagen Südamerikas, wo sie von Sklaven bei der Arbeit getragen wurden. Von Europa und insbesondere von England ausgehend entwickelte sich ein weltumspannendes System der Baumwollproduktion und des Baumwollhandels, das nicht selten durch Zwang und Gewalt flankiert wurde. Sven Beckert spricht in diesem Zusammenhang vom «Aufbau des Kriegskapitalismus», der eine Neuorganisation der Produktion, die globalen Netzwerke des (bewaffneten) Baumwollhandels, Sklavenhandel und Plantagenwirtschaft integrierte. Die an den Begriff des «Kriegskommunismus» der frühen Sowjetunion erinnernde Formulierung Beckers beinhaltet jedoch eine gewisse Engführung auf Aspekte von Krieg und Gewalt. Beim Kriegskommunismus handelte es sich um wirtschaftspolitische Maßnahmen, die ihre Ursachen nicht zuletzt im russischen Bürgerkrieg hatten, die auf Gewalt als Mittel zur Durchsetzung wirtschaftlicher Ziele setzten, diese zu einem Großteil an der Versorgung der Roten Armee ausrichteten und eine Militarisierung der gesamten Gesellschaft nach sich zogen. Auch wenn Gewalt eine wichtige Rolle bei der Entwicklung des Kapitalismus spielte, so erscheint der Begriff des «Kriegskapitalismus» als Versuch, einen dominanten Ursachenfaktor zu bestimmen und damit das Gewicht zu stark in Richtung Krieg und Gewalt auf Kosten nicht minder wichtiger Faktoren wie technische Innovationen, (Energie-)Ressourcen, der Aufbau von Netzwerken oder die Bedeutung von Institutionen zu verschieben.

So waren es auch nicht allein die durch staatliche Monopole und Privilegien geförderten Handelskompanien, die den internationalen und interkontinentalen Handelsaustausch – auch unter Ausübung von Zwang und Gewalt – bestimmten. Ein beträchtlicher Teil dieser Aktivitäten wurde über familiäre Handelshäuser wie die Fugger oder die Welser abgewickelt. Der aus Westfalen stammende Kaufmann Zurhorst nahm im 18. Jahrhundert die englische Staatsangehörigkeit an und baute über mehrere Generationen hinweg eine regelrechte Handelsdynastie, die im transatlantischen und pazifischen Handel mit Kolonialwaren engagiert war oder sich auf spezifische Produkte für den Ex- und Import konzentrierte. Dabei kam es durchaus auch zu Konflikten mit den etablierten Handelskompanien.

Der Aufstieg Englands als führende Wirtschaftsmacht ist neben dem Handel mit Tuchen, den «new draperies» und Baumwolle vor allem auch der Zuckerherstellung und dem Zuckerhandel zu verdanken. Auf Jamaika und Barbados, das die Engländer im 17. Jahrhundert von den Spaniern bzw. Portugiesen erobert hatten, sowie weiteren «Zuckerinseln» errichteten die Engländer eigene Zuckerplantagen und bauten ein eigenes Zuckergewerbe auf, wobei sie auf das Know-how der Niederländer zurückgreifen konnten. Mit der Plantagenbewirtschaftung stieg auch der Bedarf an Arbeitskräften, der zunehmend in Form von Sklavenarbeit und Sklavenhandel befriedigt wurde. Die englische Zuckerproduktion stieg seit Mitte des 17. Jahrhunderts rasch an und verdrängte schließlich die portugiesische vom nordeuropäischen Markt. Auch hier spielten private Handelshäuser und Handelskompanien wie die bereits im Jahr 1600 von britischen Kaufleuten gegründete British East India Company (EIC) eine zentrale Rolle. Nach der zunehmenden Verdrängung von Portugiesen und Spaniern durch Niederländer und Engländer entwickelte sich zwischen Letzteren eine Rivalität in unterschiedlichen Regionen der Welt, die vor dem Hintergrund einer merkantilistischen Wirtschaftspolitik nicht selten zu militärischen Auseinandersetzungen führte. Die 1651 vom englischen Parlament verabschiedete Navigationsakte war vor allem gegen die niederländische Handelspolitik gerichtet. Sie legte fest, daß außereuropäische Importe sowie die Einfuhr europäischer Waren nach England nur auf englischen Schiffen sowie von Schiffen der Herkunftsländer betrieben werden durften. Dies hatte entsprechende Spannungen zwischen England und den Niederlanden zur Folge und führte 1652–1654 zum ersten niederländisch-britischen Krieg. Weitere folgten 1665 und 1672. Der mit Portugal abgeschlossene Vertrag von Methuen im Jahr 1703 bedeutete zwar eine gegenseitige Öffnung der Märkte, doch profitierte vor allem England durch den Zugang zum portugiesischen und spanischen Kolonialhandel. Und während England etwa seine Einnahmen aus dem Wolltuchhandel mit Portugal im Zuge der beginnenden Industrialisierung investierte, vernachlässigte Portugal sein Textilgewerbe zugunsten sicherer Weinexporte nach England, was schließlich Portugals Industrialisierung verzögerte. So zeichnete sich also die britische Handelspolitik im Zuge des Merkantilismus einerseits durch langfristig wirksame handelspolitische Maßnahmen und ein hohes Maß an Protektionismus aus sowie andererseits durch aggressive Eroberung von Land und Kolonien, Kriege und umfangreiche Sklavenimporte.

Mit Frankreich etablierte sich schließlich eine fünfte große europäische Wirtschafts- und Handelsmacht, die im Vergleich zu Spanien, Portugal, den Niederlanden und England allerdings als «verspätete Nation» charakterisiert werden kann. Auch Frankreichs Aufstieg im 17. Jahrhundert vollzog sich im Rahmen eines – eher moderaten – Merkantilismus unter dem französischen Finanzminister Jean-Baptiste Colbert (Colbertismus), der eine umfangreiche Gewerbe- und Kolonialpolitik betrieb und dabei auch auf die Gründung von Handelskompanien setzte. Frankreich engagierte sich wie die anderen Kolonialmächte in Nord- und Südamerika ebenso wie in Afrika (Sklavenhandel) und Asien, wobei es insbesondere mit England zu Konflikten kam. Als im Zuge des Spanischen Erbfolgekriegs eine Übermacht Habsburgs durch die Vereinigung mit Spanien drohte, schlossen Frankreich und England einen Separatfrieden. Weitere Verhandlungen mündeten schließlich in den Friedenskongreß von Utrecht, der das komplizierte Beziehungsgeflecht sowie die Thronfolge- und Besitzregelungen der europäischen Mächte neu gestaltete mit dem Ergebnis, daß Spanien nach dem Frieden von Utrecht (1713) weltweit deutlich an Macht und Einfluß verlor und aus dem Konzert der europäischen Großmächte weitgehend ausschied, während England seine weltweite Machtposition ausbaute.

Neben den großen Wirtschafts- und Handelsmächten Niederlande, Großbritannien und Frankreich wurden zunehmend auch Regionen außerhalb des europäischen Zentrums, wie etwa Rußland oder Schweden, sowie zahlreiche europäische protoindustrielle Regionen in die Weltwirtschaft «inkorporiert» (Immanuel Wallerstein). Schweden importierte vor allem Textilien und exportierte seit dem 17. Jahrhundert Eisen und Kupfer. 1619 gründete Gustav Adolf die Schwedische Handelskompanie, die hauptsächlich für den Kupferabsatz zuständig war. Rußland entwickelte sich im 18. Jahrhundert zu einem der wichtigsten Handelspartner Großbritanniens und Frankreichs und exportierte in erster Linie Eisen, Hanf und Flachs, seit dem 19. Jahrhundert dann Weizen. Die deutschen Territorien bildeten häufig das Hinterland der großen europäischen Handelsmächte. Aus Schlesien oder Schwaben gelangten Textilprodukte (Leinen, Wolltuche) und Eisenwaren (Herzogtum Berg, Grafschaft Mark, Oberpfalz) über die Häfen der Nordsee und des Atlantik nach Übersee.

Für die drei größten europäischen Handelsmächte Niederlande, Großbritannien, Frankreich und deren Hinterland spielte der Atlantikhandel eine dominierende Rolle, war er doch im 18. Jahrhundert für knapp ein Drittel der gesamten Importe verantwortlich, während der Anteil der Importe aus Asien nur etwa 11,5 Prozent ausmachte. Und auch wenn die europäischen Mächte zunehmend an Einfluß gewannen, so bedeutete dies noch nicht sofort das Ende der polyzentrischen Weltwirtschaft. Dynamische Wirtschaftsregionen gab es sowohl in Europa als auch in Asien, ohne daß es dabei bereits zu konvergenten globalen Marktentwicklungen gekommen wäre.

Asien und Afrika

Die Niederlande, Frankreich und England waren im 16. und 17. Jahrhundert zwar die am stärksten in die weltwirtschaftlichen Zusammenhänge eingebundenen Länder, doch ihre wirtschaftliche Bedeutung war im globalen Maßstab auch weiterhin gegenüber China und Indien gering. Von 1600 bis 1700 stieg der Anteil Großbritanniens am weltweiten BIP von 1,8 auf 2,9 Prozent, derjenige Frankreichs von 4,7 auf 5,7 Prozent und derjenige der Niederlande von 0,6 auf 1,1 Prozent. Indien und China hatten gemeinsam in diesem Zeitraum noch immer einen Anteil von fast 50 Prozent am weltweiten BIP, auch wenn der Anteil Chinas von 29,2 auf 22,3 Prozent fiel. Indiens Anteil stieg zeitgleich von 22,6 auf 24,4 Prozent. Die Wachstumsraten des BIP zwischen dem 16. und frühen 19. Jahrhundert waren allerdings in den Niederlanden und England etwa doppelt so hoch wie in China. Dies spricht für eine deutlich größere Dynamik der europäischen Wirtschaft gegenüber derjenigen der asiatischen Großwirtschaftsräume. Blickt man auf die Pro-Kopf-Wachstumsraten des BIP in China und Indien in diesem Zeitraum, so zeichnet sich sogar eine Stagnation ab. Doch auch wenn China in diesem Zeitraum einen relativen ökonomischen Bedeutungsverlust erfuhr, so zeigte sich nach einer vorübergehenden Phase des Rückzugs aus den interregionalen Handelsverbindungen unter der Ming-Dynastie ein enormer Handelsaufschwung Chinas im 16. Jahrhundert, der sich vor allem auf den ost- und nordostasiatischen Raum konzentrierte. Zugleich war China an den Silberstrom aus Südamerika angeschlossen und entwickelte sich zu einem stark kommerzialisierten und auf interregionalen Austausch orientierten Staat. Der Silberaustausch erfolgte über chinesische Kaufleute auch in Richtung Südostasien und Japan. Im Gegenzug lieferte China Seide, Porzellan und andere Luxusartikel. 1557 erlaubte China den Portugiesen, sich in Macao niederzulassen, welches schließlich der erste Hafen war, der für den Handel mit Europa geöffnet wurde. Und trotz zunehmender Restriktionen des Außenhandels entwickelten sich weiterhin maritime Handelsverbindungen zwischen China, Japan, Taiwan und anderen südostasiatischen Regionen. Japan, das sich ansonsten durch seine relative Abschließung vom Seehandel auszeichnete, lieferte vor allem Silber nach China. Hungersnöte, Seuchen, Mißernten und Bauernrevolten beschleunigten das Ende der Ming-Dynastie und führten zu einem Rückgang der Handelsbeziehungen. Unter der Qing-Dynastie kam es ab 1644 dann wieder zu einer Öffnung der chinesischen Häfen und zu einer Ausweitung des Überseehandels. Dies betraf die europäischen Handelsnationen ebenso wie Japan und den südostasiatischen Raum auf dem Seeweg sowie den Überlandhandel mit Rußland. Einzelne Kaufmannsfamilien wie die Zheng errichteten umfangreiche Handelsnetzwerke mit intensiven Kontakten nach Portugal, den Niederlanden und Japan. Zudem war China auch weiterhin in den globalen Silberhandel eingebunden. Insofern entwickelte sich auch zwischen China, Japan und Südostasien eine Art «Dreieckshandel». Chinesische Händler waren in vielen Küstenregionen Südostasiens in Form von Niederlassungen vertreten. Häufig agierten sie auch als Zwischenhändler und kooperierten mit den europäischen Ostindienkompanien, so etwa in Indonesien oder auf den Philippinen, ähnlich wie arabische, persische und armenische Kaufleute. Seit dem 15. Jahrhundert hatte sich in Südostasien ein Tributsystem entwickelt, bei dem zahlreiche Regionen wie Vietnam oder Burma unter die Oberhoheit des chinesischen Handelsimperiums gerieten. Bis zur Mitte des 18. Jahrhunderts entwickelten sich auf der Basis einer rasch steigenden Bevölkerung und vor dem Hintergrund friedlicher Außengrenzen sowohl die binnenwirtschaftlichen als auch die außenwirtschaftlichen Beziehungen Chinas sehr positiv.

Die islamische Welt expandierte unter dem Osmanischen Reich und den Safawiden im Iran zwischen dem 15. und 17. Jahrhundert, wobei auch wirtschaftliche Interessen von Bedeutung waren. Die Osmanen betrieben eine expansive Eroberungspolitik («gunpowder empire»), kontrollierten den Seehandel im östlichen Mittelmeer und im Schwarzen Meer sowie in Südosteuropa (pax turcica), monopolisierten den Handel mit indischen Gewürzen und dehnten ihre Einflußzone im Norden Afrikas und in Vorderasien bis zum Roten Meer und zum Indischen Ozean aus. Die Ausbreitung des Islam in Südostasien war nicht zuletzt auch eine Reaktion auf die dortige portugiesische Expansion, die wiederum mit einer christlichen Missionierung einherging. Neben der Versorgung eines ausgedehnten Binnenmarktes, die immer Vorrang besaß, entstanden umfangreiche Handelsnetzwerke, in denen Luxusgüter (Baumwolle, Seide), Massenartikel (Metall, Weizen, Mais) und Arbeitskräfte nicht nur innerhalb der muslimischen Welt, sondern auch mit Europa und Asien ausgetauscht wurden. Im 16. und 17. Jahrhundert existierten zwar regelmäßige Kontakte insbesondere nach Venedig, doch andererseits erschwerten die kriegerischen Auseinandersetzungen mit Europa sowie die europäische merkantilistische Wirtschaftspolitik einen intensiveren Wirtschaftsaustausch zwischen dem Osmanischen Reich und den europäischen Staaten. Aus Indien importierte das Osmanische Reich vor allem Textilien, Tabak, Zucker und Indigo.

Zwischen Indien und dem Osmanischen Reich lag das Reich der Safawiden (heute Iran). Während des gesamten 16. Jahrhunderts kam es zwischen dem Osmanischen und dem Safawidenreich immer wieder zu territorialen Konflikten und kriegerischen Auseinandersetzungen, die erst durch einen Friedensschluß im Jahr 1639 beigelegt wurden. Die Konflikte mit dem Osmanischen Reich führten zu einer Öffnung der safawidischen Wirtschaft gegenüber den europäischen Handelskompanien. Das Safawidenreich war insbesondere durch den Export von Rohseide und Keramik sowie durch den Silberstrom in die überregionalen Wirtschaftsbeziehungen eingebunden. Rohseide wurde vor allem ins Osmanische Reich sowie nach Europa exportiert, wobei armenische Händler eine zentrale Rolle spielten, deren Familiennetzwerke sich bis ans Mittelmeer erstreckten. Über den Indischen Ozean gelangten Seidenprodukte nach Indien. Doch auch hier mischten sich europäische Handelskompanien in die Geschäfte ein. Zusammen mit einer zunehmenden Regionalisierung und einer mangelnden militärischen Stärke des Zentralstaats führte dies insgesamt zu einem Machtverlust und zum wirtschaftlichen Niedergang des Safawidenreichs im späten 17. Jahrhundert.

Im muslimischen Afrika waren Gold, Salz und Pferde begehrte Handelsartikel. Das System der Sklaverei war auch hier weit verbreitet. Im heutigen Ghana, Mali und Sudan sowie im Maghreb entstanden umfangreiche Handelsnetzwerke, in denen Araber im Trans-Sahara-Handel schon seit dem Mittelalter Pferde gegen schwarze Sklaven und Salz, welches in der Saharaegion ein seltenes und wertvolles Gut war, gegen Gold tauschten. Bereits vor der Ankunft der Europäer gelangten mehr als vier Millionen Sklaven aus Schwarzafrika durch die Sahara ins nördliche Afrika. Ab 1415 war dann auch Portugal in das afrikanisch-mediterrane Handelsnetzwerk eingebunden und damit auch in den Handel mit Gold und Sklaven.

Die Einbindung Afrikas in die Weltwirtschaft erfolgte vor allem über die Küstenregionen und über den Export von Gold und Sklaven durch islamische und europäische Akteure. Von den Küstenregionen ausgehend erschlossen Portugiesen, Niederländer, Engländer und Franzosen mit Hilfe der Handelskompanien über Flüsse und Handelswege das Innere des afrikanischen Kontinents auf der Suche nach Edelmetallen, während über den transatlantischen Handel afrikanische Sklaven nach Übersee verschifft und Fertigwaren aus Europa nach Afrika exportiert wurden. Für Westafrika bedeutete die Entdeckung Amerikas so etwas wie die «Umkehr des Glücks» («Reversal of Fortune»/Joseph E. Inikori). Bis zum 14./15. Jahrhundert hatte sich die Region um den Niger-Fluß und das Niger-Delta zu einem interregionalen Handelszentrum entwickelt, in dem neben landwirtschaftlichen Produkten vor allem Kupfer und Salz produziert und exportiert wurden. Die Niger-Region zog Arbeitskräfte aus anderen afrikanischen Regionen an, die Urbanisierung schritt voran. Das importierte Gold wurde zu einem Teil nach Europa re-exportiert, so daß sich hier auch ein intensiverer Handelsaustausch abzeichnete. Im Vergleich zu Süd- und Nordamerika war Westafrika ökonomisch weiter entwickelt.

Das änderte sich mit der Entdeckung Amerikas und dem Sklavenhandel im Rahmen des atlantischen Dreiecks. Westafrikanische Sklaven stellten die Arbeitskräfte bei der Errichtung des amerikanischen Plantagensystems, welches die ökonomische Bedeutung der Amerikas auf Kosten derjenigen Westafrikas schwächte. Aus einem Importeur von Arbeitskräften wurde ein Exporteur. Mittelfristig war damit die ökonomische Bedeutung Westafrikas nicht nur gegenüber den Amerikas, sondern vor allem auch im Vergleich zu Europa und Asien geschwächt. Zwischen 1600 und 1700 stagnierte der Anteil Afrikas, das zudem in weiten Teilen ein politisch fragmentierter und durch kriegerische Auseinandersetzungen geschwächter Kontinent war, am weltweiten BIP bei etwa 6,7 Prozent, und die Wachstumsraten gehörten fortan weltweit zu den niedrigsten.

Indien und insbesondere das Mogulreich, Gujarat und Bengalen waren ebenfalls in den Überseehandel eingebunden, ohne daß sich Indien jemals zu einer Seemacht entwickelte. Indien konsumierte einen großen Teil der asiatischen Produktion und damit mehr als Europa insgesamt. Indische Kaufleute bewegten sich hauptsächlich im Arabischen Meer, im Roten Meer sowie im Persischen und Bengalischen Golf, wagten sich allerdings kaum ins Chinesische Meer, weil ihre Schiffe technisch und militärisch nicht gut genug ausgerüstet waren. Andererseits konnten sie sich noch im 16. und 17. Jahrhundert gegenüber den europäischen Konkurrenten behaupten. Indische Textilien wurden bis nach Burma, Siam sowie China verkauft, wobei diese Länder auch untereinander in einem regen Handelsaustausch standen. Mehr und mehr wurden die Exporte dieser Regionen aber über die europäischen Handelskompanien abgewickelt. Was das bedeutete, läßt sich am Beispiel Surat im indischen Gujarat zeigen. Dort wurde ein weitgespanntes Handelsnetz reicher Kaufleute, die Handel mit Textilien, Gewürzen, Indigo etc. im Norden Indiens, auf den Märkten Arabiens und im Persischen Golf betrieben, einerseits durch politische Intrigen und Unsicherheiten, andererseits durch die Aktivitäten europäischer Faktoreien, die diese Wirren ausnutzten und bewußt verstärkten, immer mehr geschwächt. Gleichzeitig errichteten europäische Handelsgesellschaften dort einen Brückenkopf für ihre eigenen Aktivitäten, was später, im 18. Jahrhundert, den Ausbau der britischen Territorialherrschaft erleichterte. Auch die Niederländer bauten ihre Faktoreien an der indischen Küste im 17. Jahrhundert zu einem umfassenden Handelsnetz aus – durchaus auch mit positiven Effekten für den indischen Binnenhandel.

Während sich also eine zunehmende Stärke Europas im globalen Handel beobachten läßt und China insbesondere in Südostasien wieder zu einer wichtigen Handelsnation mit entsprechender wirtschaftlicher Entwicklung aufstieg, litten einige asiatische Regionen wie Teile Indiens, die malaiische Halbinsel und die indonesischen Inseln seit Mitte des 17. Jahrhunderts unter der chinesischen und europäischen Dominanz in der Region, abzulesen an krisenhaften Entwicklungen und einem Rückgang des Lebensstandards der Bevölkerung.

Insgesamt entwickelte sich vom Ende des 15. Jahrhunderts bis Ende des 17. bzw. zum Beginn des 18. Jahrhunderts ein reger weltweiter Handels- und Wirtschaftsaustausch zwischen den Kontinenten. Während im Zeitalter der «archaischen Globalisierung» die Amerikas und große Teile Afrikas von der eurasischen Weltwirtschaft weitgehend isoliert waren und Europa eine periphäre Stellung einnahm, verband der interkontinentale Handel in Form des transatlantischen sowie des asiatischen Dreiecks nun den europäischen Wirtschaftsraum mit der muslimischen Welt und dem indischen Subkontinent sowie dem asiatisch-pazifischen Raum. Verbunden war dies mit einer veränderten Nachfrage nach Gütern, Menschen und Dienstleistungen. Im Rahmen der Plantagenwirtschaft nahm in den Amerikas der Bedarf an Arbeitskräften zu. In Asien wiederum, insbesondere in China und Indien, bestand eine stark wachsende Nachfrage nach Edelmetallen, insbesondere nach Silber, was seit dem 16. Jahrhundert einen umfangreichen interkontinentalen Silber- und Edelmetallfluß auslöste. Während in Europa im Zeitalter des Merkantilismus vornehmlich Rohstoffe im- und Fertigwaren exportiert wurden, kristallisierte sich so eine weltweite Arbeitsteilung heraus, in der Amerika und Afrika in erster Linie Primärprodukte bzw. Arbeitskräfte lieferten, Asien und Europa

Sekundärprodukte exportierten, wobei sich zugleich ein umfangreicher Dienstleistungsbereich im Transportwesen und dem Transfer von Know-how etablierte.

Diese weltweite Arbeitsteilung war das Ergebnis von Zwang und Eroberung und führte zu einer wachsenden Bedeutung Europas, insbesondere im Rahmen der «neuen euro-atlantischen Welt» (John Darwin) des atlantischen Wirtschaftssystems. Dieses zeichnete sich aber aufgrund der weiterhin starken Position Chinas, Indiens und der islamischen Welt sowie den Rivalitäten zwischen den europäischen Akteuren durch ein «frühneuzeitliches Gleichgewicht» (Darwin) in einer polyzentrischen Welt aus.

Es kann bereits für diese Zeit von einer Weltwirtschaft gesprochen werden, da es sich um durch Märkte integrierte, arbeitsteilige Strukturen handelte, wobei der Warenhandel sowohl Luxusgüter als auch Güter des alltäglichen Bedarfs umfaßte. Es war dies insofern eine europäische Weltwirtschaft, als allein die Europäer auf allen Kontinenten (bis auf Australien) aktiv engagiert waren. Dabei ist zu berücksichtigen, daß große Teile der Welt (Australien, das Innere Afrikas und Teile Amerikas) noch nicht einbezogen waren. Als «Globalisierung» im Sinne einer internationalen Integration von Güter-, Kapital- und Arbeitsmärkten, vorangetrieben durch neue Technologien auf dem Gebiet der Kommunikation, der Information und des Transportwesens mit dem Effekt weltweiter Konvergenzprozesse, können die Entwicklungen zwischen dem frühen 16. und der Mitte des 18. Jahrhunderts noch nicht bezeichnet werden. Stattdessen bietet sich, komplementär zum Phänomen der «Protoindustrialisierung», der Begriff der «Proto-Globalisierung» an, der zumindest Ansätze und Tendenzen in Richtung einer Globalisierung vor der Globalisierung andeutet.

Dieses «frühneuzeitliche Gleichgewicht» wich zwischen dem Beginn des 18. und der Mitte des 19. Jahrhunderts einem «neuen Typ europäischer Dominanz» (Wolfgang Reinhard), der Ausdruck einer veränderten Arbeitsteilung war und zu einer «Asymmetrie der Weltwirtschaft» (Ronald Findlay/Kevin O'Rourke) führte. Diese Entwicklung war geprägt durch Verschiebungen der Wirtschafts- und Handelsbeziehungen zwischen Großbritannien, Indien, China und Nordamerika, wobei der imperiale Aufstieg Großbritanniens und dessen Industrialisierung nicht nur eine Dominanz Europas, sondern innerhalb Europas auch eine Dominanz Großbritanniens («Pax Britannica») zur Folge hatte. Insgesamt spiegelte dieser Prozeß die «Great Divergence» (Kenneth Pomeranz) – den zunehmenden wirtschaftlichen Abstand zwischen Europa und dem Rest der Welt.

Durchbrechung des «frühneuzeitlichen Gleichgewichts»

Wie das «frühneuzeitliche Gleichgewicht» durchbrochen wurde, läßt sich am Beispiel der indischen Textilproduktion zeigen, die um 1750 noch etwa ein Viertel der gesamten Weltproduktion ausmachte. Indien war nicht nur der weltweit größte Exporteur von Textilien, sondern die wichtigste Exportmacht weltweit. Indische Textilarbeiter hatten einen den englischen Textilarbeitern vergleichbar hohen Lebensstandard, was wiederum auf eine effiziente Landwirtschaft zurückzuführen war, die trotz relativ niedriger Löhne eine hohe Kaufkraft garantierte. Großbritannien hatte demgegenüber deutliche Wettbewerbsnachteile und importierte einen Großteil der indischen Baumwolle und Textilien. Im Zuge einer merkantilistisch-protektionistischen Wirtschaftspolitik erhob Großbritannien Zölle auf indische Textilien und versuchte so, den Wettbewerbsnachteil gegenüber Indien abzubauen. Gleichzeitig wurde das wirtschaftliche Ausgreifen Großbritanniens über die East India Company im Laufe des 18. Jahrhunderts zunehmend von militärisch-aggressiven Strategien begleitet, die zu einer Ausweitung der britischen Herrschaft auf dem indischen Subkontinent führten, wobei einerseits der Machtverlust des Mogulreiches und andererseits der Sieg über die Franzosen im Siebenjährigen Krieg wichtige Schritte zu einer formalen Kolonisierung Indiens waren, die schließlich im Jahr 1857 abgeschlossen wurde. Die gegen die indische Konkurrenz geschützte britische Textilindustrie konnte sich im Zuge der einsetzenden Industrialisierung und sich rasch ausbreitender technischer Innovationen sehr gut entwickeln, bezog seine Rohstoffe (Baumwolle) zunehmend aus Nordamerika bzw. den unabhängigen USA und war schließlich sogar in der Lage, seine Textilien auf dem indischen Markt abzusetzen, nicht zuletzt, weil die britische Kolonialpolitik dafür sorgte, daß in Indien die Zölle auf englische Textilien aufgehoben wurden. Seit Beginn des 19. Jahrhunderts sanken Produktion und Ausfuhr indischer Textilien dramatisch, während die Einfuhr britischer Textilien zeitgleich anstieg. Dies führte zu einem regelrechten «drain of resources» (A. Maddison) in Richtung Großbritannien und zu einem Deindustrialisierungsprozeß, in dessen Folge Indien von einem Fertigwarenhersteller zu einem Rohstofflieferanten absank und neben Baumwolle für den englischen und chinesischen Markt u.a. auch Indigo, Rohrzucker und Opium exportierte. Unter der britischen Kolonialherrschaft kam es zwar zu einem Ausbau der Landwirtschaft und zu einer Vervielfachung des bewässerten Landes, auch die Transportwege und -möglichkeiten wurden ausgebaut. Aber während das BIP pro Kopf in Indien zwischen 1600 und 1857 stagnierte bzw. sogar leicht sank, verdreifachte es sich in Großbritannien.

Opium wurde zu einem der wichtigsten Exportgüter Indiens, und ein Großteil davon ging nach China. China war gegen Ende des 18. und zu Beginn des 19. Jahrhunderts nach wie vor die größte Wirtschaftsmacht der Welt, und der Entwicklungsstand des Landes war dem europäischen durchaus vergleichbar. China stützte sich auf eine hohe Effektivität der Landwirtschaft, auf hohe Standards der gewerblichen Produktion (Textilien, Seide, Porzellan) und eine gut ausgebaute Infrastruktur (Wasserstraßennetz). Opium war neben Tee dasjenige Produkt, welches Großbritannien den Zugang zum chinesischen Markt verschaffte – auf friedlichem Weg, aber schließlich auch mit Hilfe von Gewalt – und zur weltweiten wirtschaftlichen und militärischen Dominanz Großbritanniens im 19. Jahrhundert beitrug. Nach der Unabhängigkeit der USA hatte Großbritannien seine Handelstätigkeit wieder stärker in Richtung Asien verlagert. Unterstützt wurde dies durch eine zunehmende Nachfrage der Engländer nach Tee, der vor allem über die East India Company importiert wurde. Die umfangreichen Teeimporte aus China wurden zunächst mit indischer Baumwolle und später mit Silber bezahlt. Als der Silberfluß aus Amerika abebbte, suchten die Engländer nach einem neuen Zahlungsmittel für die Teeimporte und fanden dies schließlich in Form von Opium. In diesem Zusammenhang kam es zu Spannungen zwischen China und Großbritannien. Diese resultierten aus diplomatischen Konflikten sowie aus der Tatsache, daß China seit 1760 den Zugang zum chinesischen Markt erschwerte. Eine Zuspitzung der Lage ergab sich auch aus dem zunehmenden Opiumkonsum in China, der seit der zweiten Hälfte des 18. Jahrhunderts eben vor allem aus der indischen Opiumproduktion befriedigt wurde, die wiederum von Großbritannien und dem britischen Opium-Monopol in Bengalen kontrolliert wurde. Auch hier spielte die East India Company über den Vertrieb nach Indien eine zentrale Rolle. Nachdem sich in den 1830er Jahren der chinesische Opiumkonsum zu einem massiven Drogenproblem der chinesischen Bevölkerung ausgewachsen hatte (etwa zehn Prozent der gesamten chinesischen Bevölkerung konsumierten Opium) und damit zugleich ein erheblicher Silberabfluß aus dem Land verbunden war, versuchte die chinesische Regierung, die Importe zu unterbinden, was schließlich zu Zusammenstößen zwischen britischen und chinesischen Truppen und 1839–1842 zum ersten Opiumkrieg zwischen China und Großbritannien führte. Die britische Aggression führte nicht nur dazu, daß China einen Teil seiner politischen Souveränität («ungleiche Verträge») und seines Territoriums (Hongkong) verlor, sondern es mußte auch den Opiumhandel legalisieren und seine Märkte für den Handel mit Europa und insbesondere mit Großbritannien öffnen. Zwischen Mitte des 18. und Mitte des 19. Jahrhunderts entwickelte sich Asien aus britischer Sicht zur wichtigsten Handelsregion und verdrängte zugleich Europa, die Westindischen Inseln und Nordamerika von dieser Position.

Ob es ohne Opium, wie der australische Historiker Carl Trocki es formuliert, wahrscheinlich kein Britisches Empire gegeben hätte, sei dahingestellt, aber es hatte doch einen erheblichen Anteil daran, daß innerhalb eines Jahrhunderts die «Gesamtstruktur der Welthandelsnetze auf den Kopf gestellt wurde» (Robert B. Marks). Es war dies ein Teil der «eurasischen Revolution» (John Darwin), in deren Folge Europa und insbesondere Großbritannien seine ökonomische und militärische Macht ausbaute, während die bis dahin weltweit größten Wirtschaftsmächte Indien und China politisch geschwächt und in den Rang eines kolonisierten Agrar- und Rohstoffproduzenten (Indien) abrutschten bzw. sich der europäischen Hegemonie beugen mußten (China).

Auch das Osmanische Reich verlor zwischen dem 16. und frühen 19. Jahrhundert an Bedeutung als Wirtschaftsmacht. Einstmals ein wichtiger Exporteur für landwirtschaftliche Produkte und Rohstoffe ebenso wie Luxusartikel und Gewürze, wirkte sich der Zerfall der Seidenstraße, der Aufstieg des Atlantikhandels sowie die zunehmende Regionalisierung und Territorialisierung, bei der regionale Herrscher zunehmend an Einfluß gewannen, negativ auf die Rolle des Osmanischen Reiches als überregionale Wirtschaftsmacht aus. Während diese u.a. noch im 16. Jahrhundert durch die starke Rolle des Staates etwa im Bereich des Seiden- und Gewürzhandels unterstützt wurde – Bursa war eine zentrale Scharnierstelle des Ost-West-Handels –, führten die Hegemonie europäischer Kaufleute im Levantehandel, die Konkurrenz des Atlantikhandels sowie aus China und Asien zu einem Bedeutungsverlust des osmanischen Wirtschaftsimperiums. Der Anteil des Osmanischen Reiches am Handel des Vorderen Orients ging im Vergleich zu Frankreich und England im 18. Jahrhundert stark zurück und betrug 1780 nur noch ein Prozent des englischen und fünf Prozent des französischen Außenhandels (1580: zehn Prozent bzw. 50 Prozent). In einigen Industriezweigen wie etwa der Baumwollindustrie läßt sich im Zuge der Industrialisierung in der ersten Hälfte des 19. Jahrhunderts ein dramatischer Niedergang beobachten, der wiederum parallel zum Aufstieg der englischen Baumwollindustrie verlief.

In Ostafrika war im 18. Jahrhundert ein großes Handelsreich mit Zentrum in Oman entstanden, welches auf der Basis einer großen Handelsflotte Bereiche Ostafrikas, der arabischen Halbinsel und Südasiens umfaßte. Hier wurden vor allem Datteln, Elfenbein, Baumwolle und Gewürznelken gehandelt, wobei

Letztere die Insel Sansibar zu einem Zentrum des ostafrikanischen Seehandels machten, bevor die britische Präsenz und militärischer Druck auch hier die europäische Dominanz besiegelten. In Südafrika verdrängten die Briten zu Beginn des 19. Jahrhunderts die Niederländer, wobei sich ihr Interesse im Laufe des 19. Jahrhunderts auf die Ausbeutung der Diamanten-, Gold- und Kohlevorkommen konzentrierte.

Bei dem langfristigen wirtschaftlichen Bedeutungsverlust Asiens und dem wachsenden ökonomischen Einfluß Europas spielten Zwang, Gewalt, ungleiche Verträge und Kolonialismus zwar eine große Rolle, aber sie dürfen nicht als alleinige Erfolgsfaktoren betrachtet werden. Dies zeigt sich am Beispiel Portugals und Spaniens, die trotz profitablen Sklavenhandels, trotz umfangreicher Silberfunde und Kolonialbesitzes im Vergleich zu anderen europäischen Staaten wirtschaftlich eher unterentwickelt blieben. Zudem gilt etwa für die britische Wirtschaft, daß deren interkontinentaler Handel in vielen Regionen weitgehend auf freiem Tausch beruhte und die britische Wirtschaft auch offen für umfangreiche Importe war.

Somit stellt sich grundsätzlich die Frage, ob das wirtschaftliche Wachstum und die wirtschaftliche Bedeutung Europas und insbesondere Großbritanniens, das bis Mitte des 19. Jahrhunderts bezüglich des Anteils am BIP, der Realeinkommen und des Anteils an der Produktion von Industriegütern weltweit Asien – und damit auch China und Indien – hinter sich ließ, auf außen- oder eher auf binnenwirtschaftliche Faktoren zurückzuführen ist.

Zwar dominierte Europa um 1850 den Welthandel. Allein der Anteil Großbritanniens am Welthandel war mehr als doppelt so hoch wie derjenige Chinas und Indiens zusammengenommen. Der Anteil des europäischen Handels mit Regionen außerhalb Europas betrug 1850 allerdings nur 6,4 Prozent des gesamteuropäischen BIP. Dies spricht dafür, daß der wirtschaftliche Erfolg Europas zwischen Mitte des 18. und Mitte des 19. Jahrhunderts weniger auf außenwirtschaftlichen denn auf binnenwirtschaftlichen Faktoren beruhte. Auch aus asiatischer Sicht kam dem Handel mit Europa nur eine untergeordnete

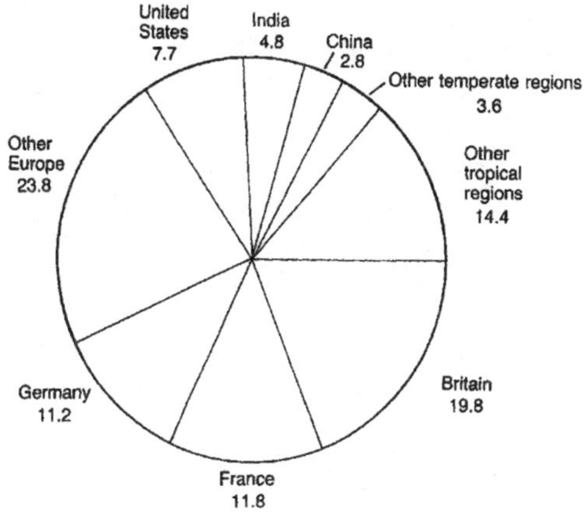

Anteile am Welthandel um 1850
Quelle: James Foreman-Peck, A history, S. 2

Rolle zu. Die europäische Nachfrage nach Textilien beschäftigte in Bengalen im 18. Jahrhundert nur etwa ein Zehntel der dortigen Textilarbeiterschaft. Die gegenseitige wirtschaftliche Bedeutung war in Asien und Europa insgesamt eher gering. Der Welthandel war also «nicht der wirkliche Motor des modernen Wirtschaftswachstums» (Peer Vries), zumindest nicht der wichtigste, wenn auch andererseits ein deutlicher Zusammenhang zwischen Handel und Wirtschaftswachstum in Europa zu beobachten ist. Unter Wirtschaftshistorikern umstritten ist jedoch dessen Anteil an der Industrialisierung, die in Großbritannien in der zweiten Hälfte des 18. Jahrhunderts einsetzte und schließlich auch die «Great Divergence» beförderte. Im Unterschied zu Peer Vries argumentieren Acemoglu u. a., Angus Maddison oder auch Robert C. Allen, daß der «intercontinental trade boom was a key development that propelled north-western Europe forewards» (R. Allen). Und ohne die massive Einfuhr von Baumwolle wäre die Industrialisierung in Großbritannien jedenfalls kaum vorstellbar gewesen.

Innerhalb Asiens sowie innerhalb Europas gab es zudem deutliche Unterschiede der wirtschaftlichen Entwicklung («Little

Divergence»). Gegenüber Großbritannien waren die Bedeutung und das Wachstum der industriellen Produktion Frankreichs, Deutschlands, Rußlands und des Habsburgerreichs deutlich geringer, in Italien stagnierte es sogar. Betrachtet man den Industrialisierungsgrad pro Kopf, so sieht die Entwicklung noch dramatischer aus. Zwischen 1750 und 1860 versechsfachte sich die Rate in Großbritannien, verdreifachte sich in Belgien und verdoppelte sich in Deutschland und Frankreich, während sie in China und Indien um die Hälfte fiel. Einen starken Anstieg verzeichneten die USA, während Japan im weltweiten Maßstab sogar eine rückläufige Bedeutung zukam. Andererseits hatte Japan während der Tokogawa-Periode günstigere Voraussetzungen für den späteren Industrialisierungprozeß geschaffen, als dies etwa in China der Fall war, so daß sich auch hier eine «Little Divergence» abzeichnete.

«Great Divergence»

Damit stellt sich die Frage, warum Europa und hier ausgerechnet Großbritannien, das nur einen Bruchteil der Fläche und der Einwohner Chinas besaß, nicht nur so erfolgreich Handel trieb, sondern auch als erstes Land den Absprung in die Industrialisierung schaffte, wodurch sich Europa und der Rest der Welt immer stärker auseinanderentwickelten. Dazu haben Wirtschaftshistoriker in den letzten Jahren umfangreiche Erklärungsangebote geliefert, die ganz unterschiedliche und zum Teil konkurrierende Faktoren betonen. Während Kenneth Pomeranz das Vorhandensein von Kohlevorkommen und Kolonien für den englischen Wirtschaftsvorsprung und die «Great Divergence» verantwortlich macht, betont Joel Mokyr die Rolle von Aufklärung und technischen Innovationen, Robert C. Allen verweist auf hohe Löhne und geringe Energiepreise in Großbritannien, während Gregory Clark in der spezifischen Entwicklung des Bevölkerungswachstums, Jan de Vries in Nachfragefaktoren und Konsummustern («Industrious Revolution») und Daron Acemoglu in der Bedeutung von Institutionen die wichtigsten Erklärungsansätze finden. Dabei fällt auf, daß die Hervorhebung einzelner

Aspekte das Problem der Gewichtung mit sich bringt. Der kleinste gemeinsame Nenner liegt wohl darin, die besondere Rolle Großbritanniens und die Entwicklung der «Great Divergence» als multifaktoriellen Prozeß zu betrachten, wobei einzelne Faktoren als zwar notwendige, aber nicht hinreichende Gründe für einen komplexen ökonomisch-gesellschaftlichen Prozeß Berücksichtigung finden.

Sicherlich war der Handel und hier insbesondere der Import indischer Baumwolle eine wichtige Voraussetzung für den Aufstieg der britischen Baumwollindustrie. Vor dem Hintergrund einer entsprechenden merkantilistischen Wirtschafts- und Kolonialpolitik führte dies zugleich zu den bereits erwähnten Deindustrialisierungstendenzen der indischen Baumwollindustrie. Sicherlich greift hier insofern das Argument von Findlay/O'Rourke, daß, wäre Großbritannien vom interkontinentalen Handel abgeschnitten worden, der Prozeß der Industrialisierung nicht hätte fortgesetzt werden können.

Der Faktor Handel spielte auch mit Blick auf die «Great Divergence» eine zentrale Rolle, denn hinsichtlich der Außenwirtschaftsbeziehungen und mit Blick auf die Integration der Märkte unterschieden sich die europäischen Handelsnationen auf der einen und China sowie Japan auf der anderen Seite grundlegend. Während die Tatsache hochintegrierter Märkte im Innern – dies betrifft sowohl die Beispiele europäischer Getreidemärkte als auch chinesischer und japanischer Reismärkte – eine Gemeinsamkeit darstellt, zeichnete sich im Europa der Frühen Neuzeit eine zunehmende interkontinentale Integration der Märkte ab, während die asiatischen Staaten weitgehend isoliert blieben und sich vom internationalen Wettbewerb abschotteten. Grund dafür war eine bewußt praktizierte restriktive Handelspolitik in China und Japan, eine Abschließung, die von Wirtschaftshistorikern als «der größte Fehler der Wirtschaftspolitik» bezeichnet wird. Welche Bedeutung der internationale Handel bzw. die interkontinentale Marktintegration für die europäischen Staaten erlangte, läßt sich anhand der Kontinentalsperre während der Napoleonischen Kriege zeigen, die diese Entwicklung zu Beginn des 19. Jahrhunderts unterbrach – mit den entsprechenden negativen Folgen für die wirtschaftliche Entwicklung in den davon betroffenen Regionen in der Frühphase der Industrialisierung.

Der Durchbruch der Industrialisierung in Großbritannien beruhte dann vor allem auf der Nutzung von Steinkohlevorkommen, also günstigen Energieressourcen, und damit auf einem geographischen Zufall. Der Energieträger Steinkohle löste Holz als vorrangige Energiequelle ab, die erhebliche landwirtschaftlich nutzbare Flächen blockiert hatte und zudem nur langsam nachwuchs. Im Zusammenspiel mit der Dampfmaschine und deren Spin-off-Effekten ermöglichte die Kohle die Entstehung neuer Leitsektoren wie Steinkohlenbergbau, Eisen- und Stahlindustrie und Eisenbahnbau, die durch entsprechende Kopplungseffekte ein sich selbst tragendes Wirtschaftswachstum schufen. Einen wichtigen Antriebsfaktor stellte in diesem Zusammenhang das für Großbritannien spezifische Verhältnis günstiger Energiekosten und hoher Löhne dar, welches nicht nur Anreize für technische Innovationen bot, sondern auch für Produktinnovationen im Rahmen eines sich herausbildenden Massenmarktes für höherwertige Waren bzw. Luxusgüter. Robert C. Allen kann zeigen, daß es unter den gegebenen Rahmenbedingungen und insbesondere vor dem Hintergrund hoher Lohnkosten für britische Unternehmer sinnvoll war, neue Technologien wie die 1764 von James Hargreaves entwickelte «Spinning-Jenny» zu nutzen, während dies in Niedriglohnregionen wie Indien, aber auch Frankreich, zum gleichen Zeitpunkt unattraktiv war. Schließlich waren es nicht allein die Innovationen im Bereich der Textilindustrie, sondern auch im Steinkohlenbergbau (Koksherstellung; Dampfmaschine zur Wasserhebung, schließlich Diffusion in andere Bereiche wie Transportwesen/Schiff/Eisenbahn), der kokskohlebasierten Roheisenherstellung (Abraham Darby, 1709), neuer Stahlherstellungs- und Weiterverarbeitungsverfahren sowie der Ausbau einer entsprechenden Verkehrsinfrastruktur (Transportrevolution), die das englische industrielle Wachstum beschleunigten und ihm nicht nur innerhalb Europas, sondern auch weltweit eine Vorreiterrolle bescherten.

Auch China besaß Steinkohlevorkommen, bei gleichzeitig zunehmender Brennstoffknappheit in verschiedenen Regionen im frühen 19. Jahrhundert. Doch lagen die Kohlevorkommen oftmals weit entfernt von den wirtschaftlichen Kernregionen wie dem Jangtse-Delta, so daß dort das Transportproblem eine große Rolle spielte. Im Unterschied zu englischen Bergwerken, die Probleme der Wasserhaltung hatten, litten chinesische Gruben aufgrund hoher Trockenheit eher unter Brand- bzw. Explosionsgefahr. Auch wenn man diese einigermaßen in den Griff bekam, so blieb weiterhin die Transportfrage über so große Entfernungen ungelöst. In Großbritannien dagegen ermöglichte die Entwicklung der Dampfmaschine nicht nur eine Lösung der Wasserhaltungsprobleme im Bergbau, sondern sie revolutionierte auch das Transportwesen und stand als Antriebsenergie für andere Industrien zur Verfügung. Technologische Verflechtungs- und Kopplungseffekte in Großbritannien waren hoch, ebenso die technische Innovationsfähigkeit, und dies gerade in denjenigen Industrien mit einem hohen Potential für Produktivitätssteigerungen. Verglichen damit war das technische Innovationspotential seit dem 18. Jahrhundert in China und Indien deutlich geringer. Über einen langen Zeitraum hinweg zeigt sich etwa für China, daß die Innovationen in Wissenschaft und Technologie seit dem Hochmittelalter, insbesondere aber seit dem 18. Jahrhundert, deutlich rückläufig waren und damit einen nicht unbeträchtlichen Faktor der «Great Divergence» darstellten. Zudem verhinderte die Konzentration zahlreicher chinesischer Regionen auf eine arbeitsintensive Landwirtschaft mit hohem Selbstversorgungsgrad sowie der mangelnde Ausbau der Transportwege eine arbeitsteilige Spezialisierung im industriellen Bereich. Joel Mokyr bezeichnet es als eines der größten Mysterien der Technikgeschichte, daß China nicht in der Lage war, seine technologische Überlegenheit aus der Zeit des Mittelalters und der Frühen Neuzeit fortzusetzen. Das betrifft neben der primitiven Bergbautechnik u.a. den Schiffbau und die Waffentechnik, bei denen China gegenüber Europa deutlich ins Hintertreffen geraten war. Fast zeitgleich mit der ersten Inbetriebnahme moderner Hochöfen in England 1736 wurden chinesische Hochöfen stillgelegt. Dieser technologische und wirtschaftliche Rückzug läßt sich zum einen durch die zunehmende Isolation Chinas unter der Qing-Dynastie erklären, durch eine wachsende Abschließung und Selbstbezogenheit einerseits und die mangelnde internationale Konkurrenz und damit auch fehlende Marktanreize andererseits. In diesem Zusammenhang spielt auch das Argument eines europäischen kompetitiven Staatensystems eine Rolle, daß nicht nur Konkurrenz und Wettbewerb im ökonomischen Bereich ermöglichte, sondern auch Raum für Alternativen im politischen und sozialen Bereich bot. Schließlich ermöglichten militärische Konflikte und militärische Herausforderungen auch die Herausbildung innovativer Technik sowie von Herrschaftsapparaten, die im Sinne der eigenen Selbstbehauptung und Überlebensfähigkeit auf die Mobilisierung von Finanzmitteln angewiesen waren, die wiederum zur Ausbildung eines entsprechenden Finanz- und Bankensektors beitrugen.

Auf eine ganz andere Weise stellte sich die Energiefrage in Indien. Anders als in großen Teilen Europas, Japans und Chinas, wo während des «Holzzeitalters» umfassende Waldbestände zu Zwecken der Energienutzung abgeholzt worden waren, existierten auf dem indischen Subkontinent noch große Waldbestände. Diese konnten als wirtschaftliche Ressourcen und als Energiequelle genutzt werden, als sich in England bereits die Umstellung auf Steinkohle im Zuge der Industrialisierung abzeichnete. Der «indische Pfad» (Parthasarathi) unterschied sich deutlich vom europäischen mit seiner technologische Innovationen befördernden Wettbewerbssituation. Es gab dort keinen externen Druck, der auf eine intensive Energienutzung hingewirkt und technologischen Wettbewerb ausgelöst hätte. Zusammen mit der Demontage des indischen Staates im Zuge des Kolonialismus führte dies zu einer Stagnation bzw. zu einem Rückgang der indischen Wirtschaft.

Darüber hinaus lassen sich zunehmende Unterschiede der technologischen Leistunsgsfähigkeit, der Effizienz und der Produktivität der Wirtschaft in Europa und Asien erkennen, die nicht zuletzt auf den Umgang mit Technik und technischen Innovationen zurückzuführen ist. Während im Westen aufgrund relativ hoher Löhne auf effektiven Arbeitseinsatz und Rationalisierung gesetzt wurde, gab es in China und Indien wenig Marktsignale für die Einsparung von Arbeitskräften, so daß selbst beim Einsatz gleicher Technologien die Effizienz und die Produktivität in asiatischen Unternehmen deutlich unter derjenigen in Europa und den USA lagen.

Andererseits spielte in diesem Zusammenhang auch der Staat eine wichtige Rolle. Dessen Bedeutung für Handel und Wirtschaft in Großbritannien konnte mit Verweis auf den Merkantilismus (Protektionismus, Subventionen, Gewerbeförderung) aufgezeigt werden, wobei für Europa unterschiedliche Ausprägungen zu konstatieren sind. Der Merkantilismus ging, insbesondere auch im britischen Fall, mit hohen Staatsausgaben u.a. für Militär und Infrastruktur, einher und führte dort zu einer enormen Staatsverschuldung. Im Safawidenreich bis zum Beginn des 18. Jahrhunderts, im Osmanischen Reich, in Indien und in China war die Bedeutung des Staates für die Wirtschaft deutlich weniger ausgeprägt bzw. waren die wirtschaftspolitischen Schwerpunkte anders gelagert. Der chinesische Staat war bemüht, den sozialen Frieden, politische Stabilität und Kontrolle zu befördern, indem er vor allem über Steuern finanzierte Mittel in den Ausbau der Infrastruktur und öffentliche Einrichtungen zur Versorgung der Bevölkerung lenkte. Gleichzeitig wurden bis zu den Opiumkriegen nur geringe Investitionen ins Militär getätigt. In Europa dagegen flossen vor dem Hintergrund der staatlichen Konkurrenzsituation in der frühen Neuzeit umfangreiche Mittel in Rüstung und höfische Repräsentation. Dies hatte nicht nur negative Folgen in Gestalt hoher staatlicher Verschuldung, sondern wirkte sich auch positiv durch die Ausbildung innovativer Finanzinstitutionen und Militärtechnik aus, die wiederum in den zivilen Sektor ausstrahlten und im Zuge der Industrialisierung den technischen Fortschritt zusätzlich beförderten. Rosenthal und Bin Wong führen die «Great Divergence» deshalb vor allem auf abweichende wirtschaftspolitische Pfade zurück, die zu unterschiedlich starken Innovationen führten. Dies wiederum ist zu einem Großteil auf die militärischen Rahmenbedingungen zurückzuführen. In China mit seinen längeren Friedensperioden und seiner ausgeprägten Agrarwirtschaft waren gewerbliche Produktion und Handwerk insbesondere auf dem Lande vertreten. Die gewerbliche Produktion auf dem Land spielte im Zeitalter der Protoindustrialisierung zwar auch in europäischen Regionen eine große Rolle, gleichzeitig führte der Schutz der Städte zu einer starken Ausprägung städtisch-gewerblicher Produktion auch und gerade im Bereich der Militärtechnik. «Warfare mattered» (Rosenthal/Bin Wong): Die Kriegführung spielte eine wichtige Rolle, weil die chinesische Wirtschaftspolitik stärker auf die zivile Produktion auf dem Land und die öffentliche Wohlfahrt ausgerichtet war, während sich das stärker militärisch und merkantilistisch geprägte Europa hinsichtlich seiner gewerblichen Entwicklung durch ein stärker urban ausgerichtetes höheres technisches Innovationspotential («urban bias») auszeichnete.

Nach den ersten Opiumkriegen erhöhte China seine Militärausgaben deutlich, um gegen innere Rebellionen und äußere Bedrohungen besser gewappnet zu sein. Investitionen in öffentliche Güter wurden stark zurückgefahren, während sich gleichzeitig die europäischen Industriestaaten beim Ausbau der öffentlichen Infrastruktur und sozialer Einrichtungen stärker engagierten. Trotz dieser Bemühungen zeichnete sich im China des 19. Jahrhunderts aber eine zunehmende Schwächung des Staates ab, der wenig zur Gewerbe- und Innovationsförderung beitrug. Eine schwache finanzielle Basis, unzureichende Steuereinnahmen, eine schlecht funktionierende Verwaltung, Korruption und ein wenig schlagkräftiges Heer waren kaum in der Lage, die militärische Sicherheit und den ökonomischen Erfolg, nicht zuletzt basierend auf einer gut ausgebauten Infrastruktur, zu gewährleisten. Das «chinesische Wunder» (Mokyr) endete, nachdem der chinesische Staat sein Interesse an der Förderung des technischen Fortschritts und dem Ausbau der Infrastruktur verlor.

Betrachtet man den Industrialisierungsgrad einzelner Staaten, so lassen sich vor allem ab Mitte des 19. Jahrhunderts deutliche Sprünge beobachten. Zwischen 1830 und 1860 kam es in Großbritannien, Frankreich und Deutschland etwa zu einer Verdoppelung des Industrialisierungsgrades, während in China und Indien ein Rückgang um die Hälfte zu verzeichnen war. Allein

Großbritannien produzierte 1860 mit einem Anteil von zwei Prozent der Weltbevölkerung ca. 50 Prozent des Eisens sowie der Stein- und Braunkohle weltweit und war für ein Fünftel des Welthandels verantwortlich.

Gleichzeitig stiegen die Realeinkommen seit Beginn des 19. Jahrhunderts in Europa stark an (in Großbritannien früher als in anderen europäischen Staaten), während sie in China und Indien stagnierten. Die Entwicklung der Realeinkommen sowie des BIP pro Kopf verdeutlicht allerdings, daß die Schere zwischen Europa und Asien bereits seit Mitte des 16. Jahrhunderts bzw. seit dem Hochmittelalter auseinanderging, was ein weiterer Beleg für die Langfristigkeit dieses Divergenzprozesses ist.

Im Zuge der Protoindustrialisierung läßt sich insbesondere in Nordwesteuropa eine «Revolution des Fleißes» bzw. eine «Revolution des Konsums» breiter Bevölkerungsschichten ausmachen. Diese «Industrious Revolution» verband zunehmende Konsumbedürfnisse mit wachsenden Realeinkommen und führte zu steigenden Arbeitszeiten und -leistungen. Durch eine verbesserte Arbeitsteilung erhöhte sich zudem die Arbeitsproduktivität, die deutlich über derjenigen in Ostasien lag. Die Durchsetzung der Geldwirtschaft erleichterte die Wahlfreiheit bei der Durchsetzung von Konsumwünschen. Insofern spielten langfristig gesehen nicht nur Faktoren der Angebotsseite, sondern auch der Nachfrage- und Konsumseite eine wichtige Rolle bei der Abkoppelung der europäischen Entwicklung vom Rest der Welt.

Dazu paßt auch, daß es selbst dort, wo China oder Indien lange Zeit über einen technologischen Vorsprung verfügten, wie etwa auf dem Gebiet der Porzellanherstellung oder des indischen Kattundrucks, den Europäern gelang, durch «kreative Imitation» (Maxine Berg) ehemalige Luxusgüter in industrielle Produkte für Massenmärkte zu verwandeln und damit die «Industrious Revolution» bzw. die «Konsumrevolution» im 18. Jahrhundert zu befördern.

Anstatt von einer vornehmlich auf den Zeitraum nach 1800 datierten und zeitlich komprimierten «Great Divergence» ließe sich somit besser von einem langfristigen Phänomen im Sinne einer kontinuierlich sich entwickelnden Divergenz sprechen, die sich über einen langen Zeitraum bis ins Spätmittelalter zurückverfolgen (Janet L. Abu-Lughod; Karl Gunnar Persson; Gregory Clark) und die zugleich die Grundlagen eines europäischen «Wunders»(Eric Jones) bzw. «Sonderwegs» (Michael Mitterauer) erkennen läßt. Gleichzeitig markiert das Phänomen der «Proto-Globalisierung» auch ein Zusammenwachsen und eine Intensivierung der Weltwirtschaft, für die sehr unterschiedliche Faktoren verantwortlich waren. Diese sollen nachfolgend analysiert werden.

3. Bevölkerungsentwicklung

Bevölkerungsentwicklung und wirtschaftliche Entwicklung sind eng miteinander verknüpft. Letztere hat Auswirkungen auf die Produktion und die Versorgung der Bevölkerung mit Gütern und Dienstleistungen, auf Arbeitsmärkte, Investitionen und technischen Fortschritt, während die Bevölkerung als Produzent und als Konsument fungiert. Insofern besteht hier ein reziprokes bzw. rekursives Verhältnis. Bei der Betrachtung einer sehr langfristigen, bis in die vorchristliche Zeit zurückreichenden Perspektive fällt auf, daß sich die Weltbevölkerung bis etwa 1800 nicht nur vergleichsweise langsam und in konjunkturellen Wellenbewegungen entwickelte, sondern vor allem auch, daß das Pro-Kopf-Einkommen in diesem Zeitraum weitgehend stagnierte und bisweilen sogar rückläufig war. Eine Steigerung der Wirtschaftsleistung war daher, wenn überhaupt, dann nur durch eine wachsende Bevölkerung zu erreichen. Erst im Zuge der Industrialisierung, der «Great Divergence» und dem demographischen Übergang, die miteinander im Zusammenhang stehen, änderte sich dieses Muster dramatisch.

Zahlen und Berechnungsverfahren sind in diesem Zusammenhang unsicher, ungenau und beruhen in vielen Fällen auf Schätzungen. Doch kann man grob davon ausgehen, daß sich die Weltbevölkerung zwischen 1500 und 1850 von etwa 450 Millionen auf 1,2 Milliarden fast verdreifacht hat, während sie sich allein in den folgenden einhundert Jahren noch einmal verdoppelte. Dabei lassen sich unterschiedliche Phasen der Bevölkerungsdynamik verfolgen, wobei sich Zeiträume eines beschleunigten Bevölkerungswachstums mit Phasen geringeren Wachstums abwechselten. Auch regional war die Entwicklung sehr unterschiedlich. Während die Bevölkerungszahl in Asien kontinuierlich anstieg, lassen sich auf anderen Kontinenten auch Phasen der Stagnation bzw. des Bevölkerungsrückgangs beobachten. In Mitteleuropa ist dies vornehmlich für die Zeit des 17. Jahrhunderts der Fall und auf den Dreißigjährigen Krieg zurückzuführen, in Afrika lag es an Hungersnöten und der Sklaverei und in Amerika an der Ausrottung der indigenen Bevölkerung durch die europäischen Eroberer.

Ob allerdings eine Korrelation zwischen Bevölkerungsentwicklung und wirtschaftlicher Entwicklung besteht, ist in der Forschung durchaus umstritten. Einerseits wird für die Frühe Neuzeit davon ausgegangen, daß insbesondere die Bevölkerungsdichte positive Effekte hatte und Innovationen beförderte. Denn je mehr Menschen in einer Region lebten, desto größer war das Marktpotential. Eine hohe Bevölkerungs- und Gewerbedichte wirkte sich günstig auf Transport- und Transaktionskosten aus, ermöglichte Skaleneffekte, eventuell auch zunehmenden Wettbewerb, der wiederum die Suche nach Innovationen beschleunigte und so wiederum Wachstumsimpulse setzte. Die zunehmende Bevölkerungsdichte, die mit wachsender Nachfrage nach Energieressourcen und einer voranschreitenden Abholzung der Wälder einherging, ließ die Menschen in einigen europäischen Regionen nach Alternativen bei der Energieversorgung suchen. So waren die Niederlande bereits im 13. Jahrhundert der weltweit führende Konsument von Steinkohlen. Die Rolle übernahm ab dem 16. Jahrhundert die Region um London, und im Zuge der Industrialisierung entwickelte sich die Lösung der Energiefrage zu einem zentralen Wachstums- und Innovationsfaktor in Großbritannien. Ähnliche Zusammenhänge zwischen Bevölkerungsdichte, Urbanisierung und technischen Innovationen bzw. Wirtschaftswachstum dürften sicherlich auf einige agrarisch geprägte wie auch die protoindustriellen Regionen in Nordwesteuropa, am Jangtse-Delta, in Japan und Indien zutreffen. Andererseits wiederum spricht das Beispiel China gegen eine zu starke Betonung einer Korrelation zwischen Bevölkerungswachstum und technischen Innovationen, denn dann hätte China über einen langen Zeitraum eine führende Position einnehmen müssen. Eher war das Gegenteil der Fall. Das gilt auch für die wirtschaftliche Entwicklung. Betrachtet man die jährlichen Wachstumszahlen der Bevölkerung, so lagen diese für den Zeitraum 1500–1820 in China bei 0,41, ebenso wie die durchschnittlichen jährlichen Wachstumsraten des BIP. Die Wirtschaftsleistung pro Kopf wuchs also überhaupt nicht. Das westeuropäische Bevölkerungswachstum lag im Vergleichszeitraum auf gleichem Niveau, das Wirtschaftswachstum pro Kopf jedoch deutlich höher. Diese Entwicklung sollte sich für den Zeitraum zwischen 1820 und 1870 noch verschärfen, so daß sich auch hier die «Great Divergence» widerspiegelte.

Zeitalter der «malthusianischen Wirtschaft»

Trotz dieser Unterschiede wird der gesamte Zeitraum bis etwa 1800, beruhend auf den Erkenntnissen des britischen Ökonomen Thomas Robert Malthus, weltweit als das Zeitalter der «malthusianischen Wirtschaft» bzw. der «malthusianischen Gesellschaft» bezeichnet, die gefangen war in der «malthusianischen Falle». Selbst bei technischem Fortschritt bleibt in diesem Modell das Pro-Kopf-Einkommen weitgehend konstant, weil es gleichzeitig zu einem Wachstum der Bevölkerung kommt, das den möglichen Einkommensanstieg wieder relativiert. Wohlstandszuwächse, wie sie die industrialisierte Welt kennt, sind in diesem Modell unmöglich. Die Gesellschaft bleibt in einem Teufelskreis gefangen, in dem alle Produktivitätssteigerungen durch das Bevölkerungswachstum wieder aufgefressen werden.

Malthus hatte in seinem Aufsatz «The Principle of Population» Ende des 18. Jahrhunderts zudem darauf hingewiesen, daß die

Bevölkerung exponentiell wachse, das Nahrungsangebot aufgrund seines linearen Wachstums damit aber nicht mithalten könne. Daraus folgte eine sinkende Pro-Kopf-Produktion bei steigender Bevölkerung und eine zunehmende Anfälligkeit in Krisenzeiten, bedingt durch Hungersnöte, Seuchen und Krankheiten etc., die wiederum ein Absinken der Bevölkerung zur Folge hatte. Entsprechende demographische Katastrophen bezeichnete Malthus als unvermeidbare «positive checks», weil sie die Bevölkerungszahl auf ein Maß zurückführten, das bei einer vorhandenen Agrarproduktion auch ernährt werden konnte. Als Alternative zu diesem Szenario sah Malthus präventive Maßnahmen («preventive checks»), wie etwa ein späteres Heiratsalter oder sexuelle Enthaltung. Tatsächlich lassen sich mit Malthus' Überlegungen übereinstimmende Muster der Bevölkerungsentwicklung in der vorindustriellen Welt für alle Gesellschaften weltweit beobachten.

Die Einführung neuer Nahrungs- und Genußpflanzen im Rahmen weltweiter Austausch- bzw. Transferprozesse hatte eine enorme Ausweitung des Nahrungsmittelangebots zur Folge. Nach der Entdeckung Amerikas durch Kolumbus gelangten im Sinne des «kolumbischen Austauschs» neue Stärkepflanzen wie die Kartoffel oder Mais nach Europa. Mais und Süßkartoffeln wurden auch in China sehr rasch adaptiert. Seit dem frühen Mittelalter hatte es im Zuge der arabisch-islamischen Expansion einen Reistransfer von Vorderasien nach Europa gegeben. Die Portugiesen brachten Maniok aus Brasilien in den Kongo und ins Niger-Delta, Tabak gelangte aus Amerika nach Indien. Während diese Entwicklungen im Agrarbereich sich positiv auf das Bevölkerungswachstum auswirkten, kam es im Sinne von Malthus' «positive checks» zugleich durch Kriege und Krisen, Krankheiten und Epidemien sowie Hungersnöte zu gegenläufigen Entwicklungen mit zum Teil dramatischen Einbrüchen des Bevölkerungswachstums.

Kriege haben die Bevölkerung seit dem 16. Jahrhundert stark dezimiert. Schätzungen zufolge starben allein im Heiligen Römischen Reich Deutscher Nation während des Dreißigjährigen Krieges 20–45 Prozent der gesamten Bevölkerung. Der Dreißigjährige Krieg, aber auch die napoleonischen Kriege im späten 18. und frühen 19. Jahrhundert beschränkten sich weitgehend auf Europa. Auch auf anderen Kontinenten kam es zu zahlreichen regionalen Konflikten. Gleichzeitig nahmen im Zuge der Eroberung Südamerikas und des Kolonialismus seit dem 16. Jahrhundert aber auch die interkontinental geführten Kriege und Auseinandersetzungen zu. Der Siebenjährige Krieg (1756–1763), dessen Kriegsschauplätze in Europa, Nordamerika, Indien und der Karibik lagen, gilt zugleich auch als erster «Weltkrieg», der allein in Europa mehr als eine halbe Million Tote forderte. Gewalttätige Eroberungen wie etwa im Falle der spanischen Eroberung Südamerikas führten in Kombination mit Krankheiten und Seuchen zu hohen Verlusten der indigenen Bevölkerung. Im Zuge der europäischen Eroberungen in Zentralmexiko reduzierte sich die dortige Bevölkerung laut Schätzungen durch Gewaltanwendung, Krankheiten und Seuchen von 16 Millionen im Jahr 1532 auf eine Million im Jahr 1608. Im peruanischen Inkareich wurde die indigene Bevölkerung allein zwischen 1572 und 1620 von 1,3 auf 0,6 Millionen dezimiert, während die nordamerikanische Indianerbevölkerung in den drei Jahrhunderten ab 1500 von fünf Millionen auf 60 000 absank. Allein im ersten Jahrhundert nach der europäischen Eroberung sind ca. 75–90 Prozent der indianischen Bevölkerung umgekommen.

Sehr hohe Bevölkerungsverluste ergaben sich durch Hungersnöte innerhalb einzelner Regionen sowie durch interkontinental sich ausbreitende Krankheiten und Epidemien. Es ist davon auszugehen, daß zwei Drittel bis drei Viertel aller Todesfälle in der Frühen Neuzeit allein auf letztere Ursachen zurückzuführen sind. In agrarischen Gesellschaften, die sich durch enge Kontakte zwischen Menschen und Tieren auszeichneten, waren letztere häufig Überträger von Krankheiten wie der Pest und der Cholera, aber auch bei Grippe, Pocken und Masern. In einer ersten großen Pestwelle, die aus Asien kommend Europa ab 1347 erreichte, dürften von ca. 80 Millionen Einwohnern in Europa ca. 20 bis 30 Millionen der Krankheit zum Opfer gefallen sein. Weitere Pestwellen folgten und verursachten periodisch und regional hohe Todesraten, wenngleich nach dem dramatischen Bevölkerungsrückgang im Spätmittelalter die europäische Bevölkerung allmählich wieder anstieg.

Trotz deutlicher Differenzen der Heiratsmuster, der Familienmodelle sowie insgesamt der demographischen Strukturen lassen sich allerdings bis ins 18. Jahrhundert hinein keine signifikanten Unterschiede der Bevölkerungsentwicklung zwischen Europa und Asien feststellen. Die großen Rhythmen der demographischen Entwicklung zwischen 1500 und 1800 waren ähnlich und führten nicht zu starken Abweichungen hinsichtlich des wirtschaftlichen Wachstums bzw. des gesellschaftlichen Reichtums. Die Einkommen und der Lebensstandard waren in der malthusianischen Ära – obwohl nicht einfach zu vergleichen – in zahlreichen Regionen der Welt ähnlich. Die Löhne um 1800 lagen in Amsterdam und London allerdings über dem Durchschnitt, ebenso wie diejenigen in Kairo und Istanbul. Die Lebenserwartung zur Zeit der Geburt war in England vor 1800 zwar deutlich höher als in anderen europäischen Regionen sowie in China und Japan, doch im Alter von 20 Jahren war sie in China und Japan dann wiederum höher als in England, was u. a. auf unterschiedliche Mortalitätsmuster und die Tatsache weit verbreiteter und als legitim betrachteter Kindstötung sowie auf hohe Hygienestandards in China und Japan zurückzuführen ist.

Trotz der zahlreichen Unterschiede der politischen, ökonomischen und gesellschaftlichen Entwicklung in Europa und Asien sowie auch innerhalb der jeweiligen Gesellschaften neigt die Forschung also eher dazu, die Gemeinsamkeiten des malthusianischen Zeitalters zu betonen, die erst im Zuge der Industrialisierung die Voraussetzungen einer «Great Divergence» schufen und das Ende der malthusianischen Ära einläuteten.

Migration

Während im malthusianischen Zeitalter die Bevölkerungsentwicklung in vielen Teilen der Welt ähnlich war, belegen die umfangreichen Migrationsbewegungen dieser Zeit ein hohes Maß an Mobilität, Dynamik sowie interkontinentaler wirtschaftlicher Verflechtung und Integration. Damit bestätigen sie die Tendenzen der Proto-Globalisierung in der Frühen Neuzeit. Dies betrifft Siedler, Handwerker und Kaufleute ebenso wie die freiwillige und erzwungene Arbeitsmigration. Im Zuge der Eroberung der Neuen Welt durch Spanier und Portugiesen gelangten Siedler und Arbeitskräfte in die Kolonien, um Land und Bodenschätze zu erschließen. In den ersten 150 Jahren nach der Entdeckung Amerikas kamen ca. 440 000 Menschen aus Spanien in die Kolonien, nur ein Viertel davon waren Frauen. Die spanische Einwanderungspolitik in die Kolonien orientierte sich an ökonomischen Kriterien und förderte vor allem die Ansiedlung von Adeligen, Bauern und Handwerkern. Deutlich geringer war mit 140 000 Siedlern die Anzahl der Engländer, die bis Ende des 17. Jahrhunderts in die nordamerikanischen Kolonien auswanderten. Dabei legte die britische Regierung weniger Wert auf die soziale Auswahl der Migranten, zu denen auch Arme, Obdachlose und Kriminelle gehörten. Aus Frankreich kam eine noch geringere Anzahl von Migranten in die kanadischen Kolonialgebiete, zwischen 1600 und 1800 kaum mehr als 20 000. Die Siedler brachten neben der heimischen Kultur auch Haustiere und Know-how mit in ihre neue Heimat, die zur wirtschaftlichen Entwicklung und zur Verbreitung von Wissen im Bereich der Landwirtschaft und des Gewerbes beitrugen. Ähnlich wie der innereuropäische Wissenstransfer, der über die Handwerker- und Arbeitsmigration lief, führte die Entdeckung neuer Kontinente und Schiffsrouten zu einem interkontinentalen Austausch.

Dies konnte auch erhebliche Einflüsse auf die lokale Bevölkerungsstruktur nach sich ziehen, wie die Dezimierung der Bevölkerung in Lateinamerika infolge von eingeschleppten Krankheiten aus Europa zeigt. Da die europäischen Siedler und Arbeitsmigranten den Arbeitskräftebedarf kaum deckten, wurden schließlich Sklaven aus Afrika importiert. Neben die freiwillige Arbeitsmigration aus Europa trat damit die Zwangsmigration. Dies führte zu den größten Wanderungsbewegungen, die es bis dahin weltweit gegeben hatte. Zwischen dem Beginn des 16. und der Mitte des 19. Jahrhunderts wurden ca. elf Millionen Personen allein aus Afrika in die Amerikas transportiert, wobei seit dem 18. Jahrhundert Großbritannien und Frankreich Portugal als wichtigste Sklavenhändlernation ablösten. Erst in den 1840er Jahren übertraf die freiwillige Migration aus Europa die inzwischen rückläufige Zwangsmigration aus Afrika in die Amerikas.

Von den insgesamt etwa elf Millionen Sklaven, die aus Afrika in europäische Kolonien verfrachtet wurden, arbeiteten fünf Millionen auf Zuckerplantagen, zwei Millionen auf Kaffeeplantagen, zwei Millionen in Privathaushalten, eine Million im Bergbau und je eine halbe Million im Baumwoll- und Kakaoanbau. Die Frage der Kosten und der Profitabilität von Sklavenarbeit ist in der historischen Forschung durchaus umstritten. Die großen Handelskompanien bezahlten durchschnittlich geringere Preise für Sklaven als Farmer. Für kleinere Farmer war der Aufwand wiederum höher als für größere, so daß die Kosten in keinem sinnvollen Verhältnis zum Ertrag aus Sklavenarbeit standen. In einigen Fällen waren sogenannte Vertragsdiener, aus England importierte Arbeitslose, die sich für einen bestimmten Zeitraum zur Arbeit in Übersee verpflichteten, deutlich billiger als Sklaven. Die Verknappung europäischer Vertragsdiener ab Mitte des 17. Jahrhunderts sowie die hohe Krankheitsanfälligkeit etwa in Malariagebieten wiederum erhöhte deren Kosten und führte zu einer stärkeren Nachfrage nach afrikanischen Sklaven. So wichtig der Arbeitseinsatz von Sklaven auf den Plantagen und die Plantagenwirtschaft insgesamt auch waren: Der Sklavenhandel spielte als Wirtschaftsfaktor nur eine untergeordnete Rolle und machte beispielsweise nur wenige Zehntel Prozentpunkte des britischen BIP im 18. Jahrhundert aus. Auch die Wachstumseffekte für die britische Wirtschaft waren eher begrenzt, was wiederum die Aufhebung der Sklaverei im 19. Jahrhundert erleichterte.

Sklaverei war zudem kein europäisches Phänomen. Auch innerhalb Afrikas durch die Sahara sowie über das Rote Meer sollen zwischen 1400 und 1900 von Arabern und anderen Moslems ungefähr sechs Millionen Sklaven verschleppt worden sein. Während an dieser Form des orientalischen Sklavenhandels europäische Händler nicht beteiligt waren, kamen aus Ostafrika sowohl Sklaven für den afrikanischen als auch für den asiatischen und afrikanischen Markt.

Im Osmanischen Reich kam es im Zuge der Eroberungspolitik zu Formen der Arbeitsmigration, die sowohl freiwillig als auch unter Zwang erfolgte. Um die wirtschaftliche Entwicklung bestimmter Regionen zu fördern oder sie gegen zu starken Bevölkerungsschwund zu schützen, kam es zu zwangsweisen Bevölkerungsverschiebungen und zu Umsiedlungen. Chinesische Arbeitskräfte folgten oftmals den Kaufleuten, die sich in verschiedenen Küstengebieten Südostasiens niederließen. Auch europäische Handelsniederlassungen in Asien beförderten die chinesische Arbeitsmigration, was in einigen Hafenorten zur Ausbildung regelrechter chinesischer Diasporagemeinden führte, so daß die Chinesen schließlich die größte Diasporagruppe in Südostasien stellte. Im 19. Jahrhundert etablierte sich der chinesische «Kulihandel» als ein System von billigen, allerdings weitgehend freiwilligen Arbeitskräften, die etwa in den Goldminen Südafrikas, den Zinnminen Malayas, in Australien und den Amerikas die Arbeitslöhne der einheimischen Arbeiter unterboten, wobei zumeist Amerikaner und Europäer als Mittelsmänner fungierten. Eine ähnliche Funktion hatten im 19. Jahrhundert indische Kontraktarbeiter, die als Arbeitsmigranten nach dem Ende der Sklaverei die entstandenen Lücken auf dem Arbeitsmarkt schließen sollten. Hunderttausende indischer Kontraktarbeiter arbeiteten auf britischen Plantagen in der Karibik, aber auch in Südamerika, Ost- und Südafrika. Zwischen Mitte und Ende des 19. Jahrhunderts wanderten fast drei Millionen Inderinnen und Inder nach Ceylon aus. Hinzu kamen mehr als zwei Millionen Saisonarbeiterinnen und -arbeiter, die bei der Teeernte zum Einsatz kamen. Dies alles spricht für ein Zusammenwachsen der Arbeitsmärkte, wobei nach der Abschaffung der Sklaverei unterschiedliche Formen der «freien» Lohnarbeit vorkamen.

Neben Siedlern und Arbeitskräften waren Kaufleute und Unternehmer zentral für die weltweite Migration seit dem 16. Jahrhundert. Sie stellten zwar eine quantitativ deutlich kleinere Gruppe dar, die jedoch mit Blick auf den interkontinentalen Handel, den Wissens- und Technologietransfer sowie die Bereitstellung von Kapital eine enorme Bedeutung hatte. Auch hier waren es insbesondere Europäer, die sich über temporäre Handelskontakte hinaus für längere Zeiträume oder auch dauerhaft niederließen und zum Teil umfangreiche Handelsnetzwerke etablierten. Umgekehrt kam es nur selten vor, daß nichteuropäische Kaufleute Handelsstützpunkte in Europa hatten, wie etwa osmanische bzw. armenische Kaufleute, die sich im 17./18. Jahrhundert in Amsterdam oder Polen-Litauen niederließen.

Eine intensivere und längerfristige Präsenz verzeichneten chinesische und japanische Kaufleute in Asien. Chinesische Kaufleute und ganze Händlergemeinschaften ließen sich in den Hafenregionen Südostasiens nieder und fungierten über ihre Handelstätigkeit auch als Unternehmer, die ihre Waren selbst herstellten und vor Ort verkauften bzw. exportierten sowie als Kreditgeber auftraten. Damit beförderten sie zugleich den Technologietransfer von China in unterschiedliche Regionen Asiens. Zudem nahmen sie häufig eine Stellung als Zwischenhändler zu den europäischen Ostindienkompanien ein. Bereits Anfang des 17. Jahrhunderts lebten allein in Manila 20 000 Chinesen, wobei die Beziehung zu den Europäern trotz der Kooperationen nicht nur spannungsfrei verlief. Japanische Kaufmannsdiasporen lassen sich vor allem in Vietnam und in Siam beobachten, wo im 17. Jahrhundert etwa 1000 Japaner lebten.

Im Gefolge der europäischen Handelskompanien zeigte sich seit dem 16. Jahrhundert eine «militärisch-kaufmännische Präsenz» (Jürgen Nagel) mit der Gründung zahlreicher Faktoreien insbesondere im Gewürzhandel mit Asien. Selbst Kaufleute aus Regionen, die keine Kolonialmächte waren, wie etwa die Welser, beteiligten sich im 16. Jahrhundert an der portugiesischen Ostindienflotte und gründeten Vertretungen auf Madeira und Santo Domingo sowie Zuckerplantagen auf La Palma. In Südamerika errichteten sie mehrere Festungen, in denen neben den Repräsentanten des Handelshauses etwa 600 Kolonisten lebten und unterhielten sogar eigene Truppen. Fugger und Welser hatten eine gemeinsame Vertretung in Indien. Es entwickelten sich neben den staatlich privilegierten Handelskompanien familiär organisierte Kaufmannsdynastien, deren Familienmitglieder über die Heiratspolitik in unterschiedlichen Regionen Europas und über deren Kolonien in Übersee engagiert und dort auch längerfristig präsent waren. Die hamburgisch-niederländische Familie Amsinck verfügte im 17./18. Jahrhundert über Handelsniederlassungen in Frankreich, Spanien und Großbritannien, und die Familienmitglieder betrieben Plantagen in Surinam, Australien und Indien. Böhmische Glashändler verfügten seit dem 17. Jahrhundert über ein hohes Maß an weltweiter Mobilität, hatten Handelshäuser in ganz Europa, vertrieben ihre Glaswaren auch in Asien und Amerika und betrieben Filialen in Lima und Mexiko. Der Merkantilismus und seine restriktive Handelspolitik boten in zahlreichen Fällen das Motiv zur Emigration deutscher Kaufleute nach London, von wo aus sie Zugang zum britischen Kolonialwarenhandel hatten. Im Zuge der Amerikamigration ließen sich insbesondere seit dem 17. Jahrhundert europäische Kaufleute und Unternehmer in den nordamerikanischen Kolonien nieder und brachten unternehmerisches und technisches Know-how mit. William Rittenhouse aus der Grafschaft Berg gründete 1690 die erste Papierfabrik in Britisch-Nordamerika. Henry William Stiegel errichtete in den 1760er Jahren ein Eisenwerk zur Herstellung von Öfen, Töpfen etc. und engagierte sich später auch im Bereich der Glasherstellung, und David Gottlieb Yuengling baute 1829 in Pottsville die älteste und größte Brauerei in den USA (Reichardt, Bigelow, Erben). Die «Immigrant Entrepreneurship» legte damit nicht zu unterschätzende Grundlagen für die Industrialisierung Nordamerikas und den Aufstieg der USA zur führenden Wirtschaftsmacht.

Die USA standen schließlich auch im Mittelpunkt der Migrationswelle des 19. Jahrhunderts. Nach der massenhaften Verschleppung von Sklaven seit dem 16. Jahrhundert bildete die in mehreren Wellen verlaufende europäische Auswanderung in die USA zu Beginn des 19. Jahrhunderts die zweite große Migrationsbewegung. Allein zwischen den 1840er und 1880er Jahren kamen mehr als 15 Millionen Europäer in die USA. Während die Europäer insbesondere aus Deutschland (vier Millionen), Irland (drei Millionen), Großbritannien (drei Millionen) und Skandinavien (eine Million) aus ökonomischen, aber auch aus

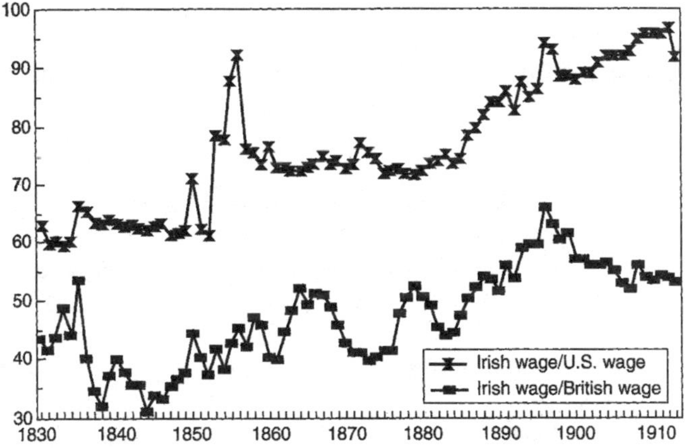

Irische Löhne im Verhältnis zu Großbritannien und den USA, 1830–1913
Quelle: O'Rourke/Williamson, S. 149.

religiösen, politischen und sozialen Gründen ihre Heimat verließen, herrschte in den USA ein großer Arbeitskräftebedarf. Die massenhafte Einwanderung führte schließlich zu Konvergenzentwicklungen auf dem Arbeitsmarkt, wie sie etwa bei der Angleichung von Löhnen zu beobachten ist. Betrug etwa die Lohnhöhe irischer Arbeiter in den 1830er bis 1850er Jahren etwa 60–65 Prozent der amerikanischen, so stieg sie infolge der Zuwanderung in den 1860er bis 1890er Jahren auf etwa 75–85 Prozent der amerikanischen Löhne.

Massenmigration war somit einer der Haupttriebkräfte für Konvergenzentwicklungen und ist ein weiterer Beleg dafür, daß die erste Globalisierungsphase in die zweite Hälfte des 19. Jahrhunderts fällt, während sich die Weltwirtschaft zuvor in der Phase der «Proto-Globalisierung» befand, in der entsprechende Konvergenzen kaum zu beobachten sind.

4. Ideen, Weltanschauungen, kulturelle Einrichtungen

Die Integration der Weltwirtschaft wurde befördert durch den «Drang zur Grenzexpansion» (Bernd Hausberger), durch physische und mentale Grenzüberschreitung, durch Entdeckerfreude und Offenheit als Teil eines kollektiven Werte- und Normensystems, welches in den verschiedenen Regionen und Kulturkreisen der Welt unterschiedlich ausgeprägt und institutionalisiert war. Demgegenüber standen retardierende Faktoren einer ökonomischen, kulturellen und politischen Abschließung, die eher Desintegrationstendenzen aufwiesen.

Kultur der Offenheit – Kultur der Expansion

In Europa war der Drang, die Neu-Gier, zu interkontinentalem Handel und kulturellem Austausch besonders ausgeprägt. Europäische Kaufleute nahmen auf der Suche nach Luxusgütern wie Gewürzen und Edelmetallen, also Gegenständen, die die eigene Kultur auf der Basis vorhandener Ressourcen nicht produzieren konnte, große Strapazen auf sich. In dieser Tradition entwickelte sich eine starke Dynamik, sich über die eigenen Grenzen hinaus und in Rivalität mit anderen Mächten mit hohem Einsatz und Risikobereitschaft zu engagieren. Getrieben wurde sie von einem pragmatischen Macht- und Gewinnstreben sowie einem wachsenden Konsumbedürfnis, häufig begleitet von einem starken (religiösen) Sendungsbewußtsein. Risikobereitschaft, Offenheit und eine «Mentalität der Dominanz» bzw. der Überlegenheit gingen hier Hand in Hand. Dies zeigt sich nicht zuletzt an einer engen Verknüpfung weltlicher und geistlicher Macht, die bei der Eroberung Amerikas sowohl auf Seiten der spanischen als auch der portugiesischen Krone und von einem expansiven Missionierungsdrang begleitet wurde, der wiederum in der Tradition der mittelalterlichen Kreuzzüge stand. Portugiesen und Spanier verbanden die Ausbeutung des Landes und seiner Rohstoffe mit einer kolonialen Siedlungspolitik und einem Missionsauftrag der Kirche gegenüber den amerikanischen Ureinwohnern. Der Grund und Boden sollte im Auftrag der Krone als freies und vererbbares Eigentum bewirtschaftet und die Ureinwohner als Arbeitskräfte zugeteilt werden. Auch bei ihren ersten China- und Japan-Missionen gingen bei den Portugiesen christliche Mission und Handelsinteressen Hand in Hand. Dabei mußten sie sich schon früh gegenüber ihren holländischen Konkurrenten behaupten, bei denen das Missionsmotiv keine Rolle spielte. Vielmehr standen hier kommerzielle Interessen, der Ausbau von maritimen Stützpunkten und eines umfangreichen Handelssystems im Mittelpunkt.

Immer wieder kam es zu Auseinandersetzungen zwischen Spaniern, Portugiesen und den Niederländern, verstärkt durch den Aufstieg der niederländischen Ostindienkompanie zu Beginn des 17. Jahrhunderts. In diesem Zusammenhang stellte sich zunehmend die Frage unbehinderter und freier Fahrt auf den Weltmeeren, die den Niederländern von den älteren Weltmächten streitig gemacht wurde. Dabei kam es wiederholt zu gegenseitigen kriegerischen Angriffen. Der niederländische Philosoph und Rechtsgelehrte Hugo Grotius stellte deshalb in einem von der Vereinigten Ostindischen Kompanie beauftragten Gutachten sowie in seinen Schriften die im Vertrag von Tordesillas festgelegte Aufteilung der Welt zwischen Spanien und Portugal in Frage und trat für die Freiheit der Meere ein, da jedes Volk das Recht habe, mit einem anderen Geschäfte zu machen. Werde dies verwehrt, so legitimiere das auch eine kriegerische Reaktion, die dann als ein gerechter Krieg angesehen werden müsse. In einem Kapitel eines Rechtsgutachtens für die Ostindienkompanie («Mare Liberum») äußerte Grotius die Idee, die Meere seien internationale Gewässer, die von allen zu Handelszwecken genutzt werden könnten, womit er wichtige Grundlagen für das moderne See- und Völkerrecht schuf.

Auch dies war ein Schritt auf dem Weg zu einer Kultur der Offenheit, der Dominanz und der Expansion, die begleitet wurde von einem «herrschaftlichen Informationsbedarf» (Hans-Joachim

König), der sich gleichermaßen auf religiöse, politische, gesellschaftliche und kulturelle Aspekte bezog. Eine erfolgreiche Expansions- und Eroberungspolitik sowie die Verwaltung der eroberten Gebiete waren angewiesen auf das Sammeln und Archivieren von Wissen und Informationen über die kolonisierten Regionen. Dies betraf Reiseberichte, geographische Erkundungen und die kartographische Erfassung ebenso wie die Einrichtung von Archiven und naturkundlichen Sammlungen, botanischer Gärten, Raritäten- und Wunderkammern sowie schließlich Museen, die den Europäern Eindrücke der «fremden» Kulturen näherbringen sollten. Dies führte zu einer Konfrontation des «Eigenen» und des «Fremden», welche nicht nur neue Informationen und Erkenntnisse fremder Kulturen mit sich brachte, sondern auch einen Prozeß der Selbstreflexion, der Revision und der Kritik in Gang setzte, der insgesamt ein hohes Lernpotential aufwies. Eine «Kultur der Offenheit» bedeutete nicht die Abwesenheit von Stereotypen, Vorurteilen oder einem Überlegenheitsgefühl der Europäer gegenüber den «Fremden» und «Barbaren», aber sie ließ zumindest Raum für die Anerkennung oder gar Bewunderung fremder Kulturen und ihrer handwerklichen, wissenschaftlichen und kulturellen Leistungen, die den eigenen zum Teil überlegen waren. So zeigten Humanisten wie Michel de Montaigne Interesse an fremden Kulturen und exotischen Völkern, jesuitische Missionare schilderten die chinesische Kultur und Gesellschaft als hochkultiviert und zivilisiert. «Chinoiserien», chinesische Mode, Textilien und Porzellankunst, lösten im 18. Jahrhundert eine regelrechte Modewelle in Europa aus. Die «Kultur der Offenheit» äußerte sich ebenso in der Kritik an den ausbeuterischen Methoden des Kolonialismus und der Versklavung der einheimischen Bevölkerung, wie sie bereits im 16. Jahrhundert von dem Dominikanermönch Bartolomé de Las Casas geäußert wurde. Traditionelle Weltbilder wurden so in Frage gestellt, und vor dem Hintergrund weltweit konkurrierender europäischer Mächte entstand eine kontroverse, kreative Vielfalt an Wissen und Kultur. Eine wichtige Voraussetzung für diese Offenheit, die Wissens- und Informationsaneignung, bestand im Erlernen fremder Sprachen. Dies erfolgte einerseits über Missionare, andererseits im Zuge des Kolonialismus sowie des weltweiten Handelsaustauschs über die Kaufleute. In Asien verbreiteten sich vor allem die persische und portugiesische Sprache, auf dem indischen Subkontinent das Englische, in Nordamerika Spanisch, Französisch und Englisch, in Südamerika Spanisch und Portugiesisch – häufig auch in Form von Vermischungen mit einheimischen Sprachen (Pidgin) –, wobei die Sprachkenntnisse zumeist auf eine kleine Elite beschränkt blieben.

Weltoffenheit und Expansionsstreben waren in Europa nachhaltig wirksam. Zwar lassen sich auch für andere Regionen und Kulturkreise Initiativen zur Herstellung interkontinentaler Kontakte und zum wirtschaftlichen Austausch beobachten. Diese waren jedoch nicht selten Reaktionen auf das europäische Ausgreifen und wiesen auch retardierende Momente auf, bis hin zur Abschließung. China und Japan verfügten über ausgedehnte Handelskontakte in Ost- und Südostasien. Die Safawiden, das Osmanische Reich und das indische Mogulreich pflegten umfangreiche Wirtschaftsbeziehungen im Vorderen Orient, nach Rußland und China. Doch die ökonomische Offenheit fand häufig kein Pendant in einer kulturellen Öffnung, in der Sammlung von Informationen über fremde Regionen und Kulturen.

Ein islamischer Puritanismus verhinderte im 16. Jahrhundert einen weitergehenden wissenschaftlichen Austausch mit Europa. So wurde etwa verboten, das neue Verfahren des Buchdrucks bei islamischen Schriften anzuwenden, und der Handel mit venezianischen Schriften wurde stark eingeschränkt. Neuerungen, die den moralischen Vorstellungen des Islam widersprachen, wurden bekämpft. Den Chinesen erschienen fremde Völker und Kulturen – ähnlich wie zunächst auch den Europäern – als «Barbaren», denen man eher mit Abneigung und Zurückhaltung denn mit Neugier und Interesse oder gar mit Missionierung und Bekehrung begegnete. Schutz und Zusammenhalt des eigenen Herrschaftsbereichs standen im Mittelpunkt chinesischer Strategien. In Japan stieß das Vordringen der Portugiesen im 16. Jahrhundert zunächst auf großes Interesse, und es kam zu wirtschaftlichem wie kulturellem Austausch, bevor im 17. Jahrhundert die aggressive Missionierung als Bedrohung empfunden und zurückgewiesen wurde. Schließlich wurde der Kontakt von Seiten der Japaner ganz abgebrochen. Portugiesen und Missionare verwies man des Landes. Einer frühen Phase großer Offenheit folgte eine fast 200 Jahre währende Periode der (relativen) Abschließung. Zusammen mit der restriktiven Handelspolitik sowohl in China als auch in Japan wird dies als einer der größten «Fehler der Wirtschaftspolitik» (Dobado-Gonzales) bezeichnet. Diese zunehmende Abschließung bis hin zur Isolation spiegelte sich auch in der Zurückhaltung gegenüber der «fremden» Kultur und Sprache. So gab es etwa im Osmanischen Reich bis ins frühe 19. Jahrhundert kaum Bemühungen, europäische Sprachen zu lernen. Trotz interkontinentaler Handelskontakte, militärischer Machtausdehnung, wirtschaftlicher und kultureller Blüte seit dem späten 15. Jahrhundert zeichneten sich seit dem 17. Jahrhundert auch im Osmanischen Reich Stagnationstendenzen und eine geringe intellektuelle Lernbereitschaft aus, die schließlich im 18. Jahrhundert in einen wirtschaftlichen Niedergang mündete.

Eigennutz, Merkantilismus, Protektionismus

Trotz einer «Kultur der Offenheit» kam es im Verlauf der europäischen Expansion nicht zu einer offenen und liberalen Handelspolitik. Im Gegenteil: Die außenwirtschaftlichen Leitlinien der europäischen Handelsmächte zielten mit Blick auf deren koloniale Interessen und vor dem Hintergrund einer scharfen globalen handelspolitischen Konkurrenz darauf ab, eine positive Handelsbilanz zu erreichen und beinhalteten eine restriktive Importpolitik. Sie unterschieden sich damit deutlich von der Außenwirtschaftspolitik der anderen Großwirtschaftsregionen. Der Zeitraum des europäischen Merkantilismus erstreckte sich vom Ende des 16. Jahrhunderts bis zur Mitte des 19. Jahrhunderts, bevor es zur kurzen Phase des Freihandels der 1860er und 1870er Jahre kam. Allerdings lassen sich bereits zu Zeiten Colberts Überlegungen zum Freihandel und marktwirtschaftlicher Konkurrenz beobachten, so daß die jüngste Forschung nicht mehr von einem teleologischen Narrativ ausgeht, welches eine langfristige Entwicklung vom Protektionismus zum Liberalismus nachzeichnet und von einer strikten Trennung beider Konzepte ausgeht. Vielmehr lassen sich regional unterschiedliche Ausprägungen und hybride Erscheinungsformen erkennen, die das traditionelle Bild des Merkantilismus zunehmend in Frage stellen.

Gleichwohl läßt sich grundsätzlich von einem außenwirtschaftlichen Strukturwandel seit dem 16. Jahrhundert sprechen, der zeitlich parallel zu einem Strukturwandel des ökonomischen Denkens verlief. Dieses löste sich zunehmend von der Idee einer vorgegebenen göttlichen Ordnung zugunsten von Vernunftkonzepten und eigennutzorientierten Vorstellungen. Seit dem 17. Jahrhundert bestimmten dementsprechend weniger ethische und religiöse, sondern zunehmend ökonomische Orientierungen das wirtschaftliche Handeln der Individuen. Philosophische Diskussionen über menschlichen Eigennutz und Eigeninteresse (z.B. Mandevilles Bienenfabel, 1714) und deren Bedeutung für gesamtwirtschaftliche Zusammenhänge mündeten im Laufe des 18. Jahrhunderts in das Konzept des «homo oeconomicus», das wiederum das Denken liberaler Ökonomen wie Adam Smith prägte. Im Hintergrund dieses Strukturwandels des ökonomischen Denkens wirkten sicherlich auch die zunehmende Monetarisierung sowie die krisenhaften Tendenzen der Wirtschaft im 16. Jahrhundert, die allmähliche Durchsetzung von Marktstrukturen, von denen die sozialen Gruppen in unterschiedlicher Weise betroffen waren, sowie die Reformation. Alle diese Entwicklungen beschleunigten zusammengenommen den Zerfall der alten Vorstellungen zugunsten eines stärker auf individuelle Interessen, auf Eigennutzorientierung und individuelles Erwerbsstreben setzenden Weltbildes.

Dies war im Übrigen kein rein europäisches Phänomen. Monetarisierung und Vermarktlichung, Konsumorientierung und zunehmende Mobilität lassen sich auch in China – zumindest bei den gesellschaftlichen Eliten – beobachten. Dies war eine Folge der Einbindung in den Fernhandel und den Silberstrom seit dem 16. Jahrhundert. Und auch in China kam es im 16. Jahrhundert zu wirtschaftlichen Krisentendenzen, u.a. bedingt durch eine Unterbrechung des Silberstroms, durch sinkende Preise und wirtschaftlichen Abschwung, so daß man hier von vergleichbaren weltweiten Krisenphänomenen sprechen kann. Und ebenso lassen sich in China öffentliche philosophische Diskurse beobachten, die die traditionellen konfuzianischen und obrigkeitsstaatlichen Vorstellungen der Ming-Dynastie in Frage stellten. Chinesische Denker wie Li Zhi betonten Ende des 16. und zu Beginn des 17. Jahrhunderts die Individualität des Menschen, das Eigeninteresse und den Wunsch nach materiellen Gütern, womit an buddhistische Vorstellungen von Kommerzialisierung und Freiheit angeknüpft wurde. Auch in China wurde also «protokapitalistisches» Ideengut entwickelt. Demgegenüber bestimmte in Indien das hinduistische Jajmani-System (Kastenordnung) das wirtschaftliche und soziale Leben vor allem auf regionaler Ebene, wobei die gottgegebene Ordnung, die Zugehörigkeit zu einer Kaste und die familiären Bindungen den Zugang zu wirtschaftlichen Tätigkeiten regulierten. Auch der Handel fand weitgehend im familiär organisierten Rahmen und auf der Ebene gleicher sozialer Gruppen statt, so daß sich das Jajmani-System durch einen Mangel an Dynamik und Mobilität und dadurch insgesamt durch ein geringes Innovationspotential auszeichnete. Infolge der zunehmenden Einbindung indischer Wirtschaftszentren in interregionale und interkontinentale Handelsbeziehungen sowie im Zuge des Vordringens europäischer Handelsgesellschaften verringerte sich der Einfluß des Jajmani-Systems ab Mitte des 18. Jahrhunderts.

In Europa fanden ökonomische Individualisierung, liberales und protokapitalistisches Gedankengut, der Rückzug des Staates bzw. der Obrigkeit aus der Gestaltung der Wirtschaft jedoch erst im Laufe des 19. Jahrhunderts Eingang in die ökonomische Praxis. Bis dahin dominierte die Politik des Merkantilismus, die zugleich ein Mittel zur Herstellung der europäisch dominierten Weltwirtschaft war.

Die Idee des Merkantilismus und die daraus resultierenden wirtschafts- und handelspolitischen Maßnahmen wirkten sich in den europäischen Großmächten unterschiedlich aus. Großbritannien reagierte mit ihnen auf die zunehmende handelspolitische Konkurrenz der Niederlande im 16. und 17. Jahrhundert, mit dem Ziel, durch Warenhandel den Reichtum des Landes zu mehren. Der 1571 geborene Thomas Mun war einer der wichtigsten Vertreter des britischen Merkantilismus, der seine Überlegungen vor allem in den Schriften «A Discourse on Trade from England into the East Indies» (1621) sowie «England's Treasure by Foreign Trade» (1664) niederschrieb. Der Reichtum eines Landes ergebe sich nicht allein durch die Anhäufung von Gold und Silber, sondern vor allem durch den Außenhandel, durch Im- und Exporte. Vor allem Letztere spielten in den Überlegungen der Merkantilisten eine zentrale Rolle. Importiert werden sollten vor allem Rohstoffe und Halbfertigwaren, um diese dann weiterzuverarbeiten und mit Gewinn wieder zu exportieren. Dies sorgte für eine positive Handelsbilanz, für wachsende Beschäftigung und die Mehrung des Reichtums. Mun wurde 1615 einer der Direktoren der britischen East India Company und setzte seine theoretischen Vorstellungen auch in die Praxis um. Als einer der führenden Vertreter des englischen Merkantilismus gilt zudem der Ökonom William Petty, der ebenfalls im Außenhandel die Basis gesellschaftlichen Reichtums erblickte und dabei die Rolle des Staates hervorhob. Dies bezog sich etwa auf die Förderung von Schulen und Universitäten, von Infrastruktur sowie des Gewerbes, wobei es galt, die Importe von Rohstoffen ebenso steuerlich zu begünstigen wie die Exporte von Manufakturwaren. Die merkantilistische Außenwirtschaftspolitik konnte schließlich auch aggressive Züge annehmen, wie die bereits erwähnte, 1651 vom englischen Parlament verabschiedete Navigationsakte verdeutlicht, die vor allem gegen die niederländische Handelspolitik gerichtet war und die mittelfristig zu politischen Spannungen und militärischen Auseinandersetzungen zwischen Großbritannien und den Niederlanden führte und schließlich einer der Gründe für die wirtschaftliche Stagnation der Niederlande seit dem späten 17. Jahrhundert darstellte. In den amerikanischen Kolonien verbot das britische Parlament die Herstellung von Manufakturwaren, was die Förderung des heimischen Gewerbes unterstützen sollte. Protektionistische Maßnahmen gegenüber dem indischen Textilgewerbe und die Förderung der heimischen Textilproduktion begleiteten schließlich den Niedergang des ersteren und den weltweiten Aufstieg der britischen Textilindustrie im 18. Jahrhundert.

Auch in Frankreich setzten sich die staatliche Regulierung der Wirtschaft mit dem Ziel der Gewerbe- und Exportförderung einerseits und eine Politik des Protektionismus andererseits durch. Zwischen Mitte des 17. und Mitte des 18. Jahrhunderts wurde diese Politik vor allem durch den Finanzminister Ludwigs XIV., Jean-Baptiste Colbert, geprägt, die dementsprechend auch als «Colbertismus» bezeichnet wird. Auch hier finden sich die typischen Elemente einer merkantilistischen Politik, wie die Förderung staatlicher Manufakturen, entsprechende Ein- und Ausfuhrzölle auf Rohstoffe und Fertigwaren, der Ausbau der Infrastruktur sowie der französischen Kriegs- und Handelsflotte. Damit reagierte Frankreich auf binnenwirtschaftliche Krisensituationen ebenso wie auf die handelspolitische Herausforderung durch die aufstrebenden Niederlande. Allerdings unterschied sich Colberts «moderater» oder «liberaler» Merkantilismus (Moritz Isenmann) von der aggressiveren englischen Variante durch die Idee einer «natürlichen Ordnung», die eine Aufteilung des Welthandels dergestalt vorsah, daß alle Länder gegenseitig diejenigen Waren austauschten, die sie benötigten. Die Handelskontakte wurden in dieser Variante des Merkantilismus auch als Chance für Lernprozesse begriffen. Zölle sollten dabei weniger als restriktive Handelshemmnisse eingesetzt werden denn als Möglichkeit des Preisausgleichs, so daß allein die Qualität der Waren als Wettbewerbsmerkmal entscheiden sollte. Die Offenheit Colberts – bei gleichzeitiger Subventionierung des französischen Textilgewerbes – zeigt sich etwa im Austausch mit dem Osmanischen Reich. Aus China bzw. Asien hatten sich über Konstantinopel die Seidenherstellung und der Kattundruck in Südfrankreich etabliert. Da der Markterfolg zunächst gering war, förderte Colbert die Immigration osmanischer, italienischer und anderer Fachleute, um den Know-how-Transfer zu verbessern. Zudem stellte er Mittel für Übersetzer bereit, um die notwendige Kommunikation zwischen den Immigranten und den Einheimischen zu ermöglichen. Tatsächlich führte dies zu einer Stärkung des französischen Textilgewerbes im Mittelmeerhandel.

In den deutschen Territorien war der Aufstieg merkantilistischen Ideengutes in erster Linie eine Reaktion auf die wirtschaftlichen Krisenerscheinungen infolge des Dreißigjährigen Krieges. In Form des «Kameralismus» ging es deshalb in erster Linie um die Konsolidierung der Staatsfinanzen und um die Erhöhung der Steuereinnahmen. Begleitet wurde auch diese Politik von Maßnahmen zur Steigerung des Warenexports sowie zur Drosselung der Importe, der Gewerbeförderung, der Besiedelung und Fruchtbarmachung wüster Landstriche («Peuplierung», «Meliorationen») und dem Ausbau der Infrastruktur. Wichtige Vertreter des Kameralismus waren Philipp Wilhelm von Hornigk, Johann Heinrich Gottlieb von Justi und Johann Joachim Becher, die vor allem staatliche Maßnahmen zur wirtschaftlichen Regulierung und die Stärkung der internationalen Konkurrenzfähigkeit forderten.

Insofern gibt es zwischen den Ideen des Merkantilismus, Colbertismus und Kameralismus einige Gemeinsamkeiten, wobei es sich allerdings weniger um eine geschlossene Wirtschaftstheorie, sondern eher um eine Ansammlung wirtschaftspolitischer Maßnahmen handelt, mit denen auf die besonderen Herausforderungen der jeweiligen europäischen Wirtschaftsmächte reagiert wurde. Ebenso wenig war die merkantilistische Wirtschaftspolitik bei allen europäischen Mächten in vergleichbarer Intensität ausgeprägt, weshalb Wallerstein auch von den Niederlanden als einer «großen Ausnahme» von der Dominanz merkantilistischer Ideologie spricht. Diese führt er auf die dezentrale Struktur der niederländischen Provinzen zurück sowie auf die vorherrschende Ideologie des «mare liberum».

In welthistorischer Perspektive eignet sich die Bezeichnung «Merkantilismus» auch kaum als Epochenbegriff, weil sie im Wesentlichen auf Europa beschränkt ist und kein Pendant in den anderen großen Wirtschaftsräumen bzw. Nationalökonomien fand. Gleichwohl prägte der europäische Merkantilismus die weltwirtschaftliche Entwicklung seit dem Ende des 16. Jahrhunderts entscheidend, wie nicht zuletzt das Beispiel des indischen Subkontinents zeigt, der seit dem Aufstieg der britischen Handelsgesellschaften zunehmend unter den Einfluß des britischen Merkantilismus geriet und schließlich im Zuge des britischen Kolonialismus vornehmlich in die Rolle des Rohstofflieferanten gedrängt wurde.

Japan praktizierte auf der Basis des Sakoku-Ediktes seit den 1630er Jahren bis zur Öffnung Mitte des 19. Jahrhunderts offiziell eine Politik der Abschließung, genau genommen einer selektiven Öffnung, die das Einlaufen ausländischer Schiffe zwar weitgehend verhinderte, allerdings im 16. und 17. Jahrhundert den Handel mit der niederländischen Ostindienkompanie sowie mit China und Korea, vor allem über den Hafen in Nagasaki, ermöglichte. Seit dem 18. Jahrhundert setzte sich die Ideologie des «Kokueki», eine nationalistisch orientierte Politik zur Mehrung des Reichtums im Sinne eines japanischen Merkantilismus, durch, die in der anschließenden Meiji-Periode ab Mitte des 19. Jahrhunderts ihre Fortsetzung fand.

Demgegenüber praktizierte China eine vollkommen andere Form der Wirtschaftspolitik wie auch der Außenwirtschaftsbeziehungen, bei denen merkantilistisches Ideengut kaum eine Rolle spielte. Allerdings stand der Außenhandel mit den europäischen Mächten, insbesondere der Teehandel mit Großbritannien, unter staatlicher Kontrolle. Zu Korporationen zusammengeschlossene Kaufleute handelten im Auftrag der chinesischen Regierung mit den europäischen Partnern. Der asiatische Handel im Indischen Ozean war jedoch weitgehend durch Freihandel geprägt. Aufgrund unterschiedlicher Rahmenbedingungen, dem Fehlen überseeischer Besitzungen bzw. Kolonien, einer geringeren Einbindung in militärische Auseinandersetzungen und Konkurrenzbeziehungen war Chinas Wirtschaft zudem stärker auf den (großen) Binnenmarkt und eine friedliche Entwicklung nach innen wie nach außen konzentriert. Es gab kaum eine staatliche Wirtschaftsförderung und damit auch keine dem Merkantilismus vergleichbare Unterstützung des Außenhandels. Die chinesische Wirtschaftspolitik zeichnete sich vielmehr durch ein neo-konfuzianistisches Ideal guter und verantwortlicher Staatsführung aus, die im Sinne eines «agrarischen Paternalismus» (Peer Vries) für eine gleichmäßigere Verteilung des sozialen Reichtums sowie eine Landumverteilung, eine ausreichende Lebensmittelversorgung mit Hilfe von Getreidespeichern und eine Befriedungspolitik im Innern sorgte – mit dem Nachteil, daß der chinesische Staat auch keine wirtschafts- und innovationsfördernde Gewerbepolitik betrieb.

Konträr zum europäischen merkantilistischen Gedankengut und einer entsprechenden protektionistischen Handelspolitik verhielt sich auch die Wirtschaftspolitik des Osmanischen Reichs. Zwar wurden im Zuge der osmanischen Expansion im späten Mittelalter Handelsrouten kontrolliert und der Zugang zu Silberminen in Serbien und Mazedonien reglementiert, aber es gab dort in der Frühen Neuzeit kein Äquivalent zu einer Politik der positiven Handelsbilanz, wie sie sich etwa im britischen Importverbot indischer Textilien niederschlug. Vielmehr bestand das Ziel staatlicher Handelspolitik des Osmanischen Reichs in der guten Versorgung des Reiches und seiner Bürger mit qualitativ hochwertigen Waren, welche als Ergänzung zu den eigenen Produkten des Konsumgütersektors auch aus anderen Regionen importiert wurden. Dementsprechend gab es kaum Maßnahmen der Importverhinderung durch hohe Zölle, umgekehrt aber auch keine staatliche Exportförderung. Zwar wurden im Osmanischen Reich gegen Ende des 18. Jahrhunderts in Anlehnung an die preußische und britische Wirtschaftspolitik Konzepte von Importprohibition, Importsubstitution und Produktionsförderung diskutiert, doch hielt sich der Staat bis auf wenige Ausnahmen, wie etwa bei Textilien für die Armee und die Marine, aus der Gewerbeförderung heraus. Die Wirtschaft des Osmanischen Reiches mußte sich mit einer Art «Laisser-faire»-Politik der internationalen Konkurrenz stellen, wobei sie sich im Verlauf des 18. und 19. Jahrhunderts einer wachsenden Dominanz merkantilistisch unterstützter europäischer Anbieter ausgesetzt sah. Dies wiederum hatte eine stärker protektionistische Außenwirtschaftspolitik seit den 1830er Jahren zur Folge, zu einer Zeit also, als infolge zunehmender Industrialisierung und technischer Innovationen sowie geopolitischer Veränderungen der europäische Merkantilismus an Einfluß verlor und die Idee sowie die Praxis des Freihandels an Bedeutung gewannen.

Aufklärung, Liberalismus und Freihandel

Die Abkehr von Merkantilismus und Protektionismus im 19. Jahrhundert war kein linearer und allgemeiner, alle Volkswirtschaften und Staaten betreffender Prozeß, sondern vollzog sich vor dem Hintergrund der jeweiligen weltwirtschaftlichen und politischen Rahmenbedingungen auf sehr unterschiedliche Art und Weise, wobei auch retardierende Momente zu beobachten sind. Colberts «liberaler Merkantilismus» und seine Vorstellung einer «natürlichen Ordnung» eröffnete bereits Möglichkeiten hin zu einer Freihandelsordnung. Großbritannien führte den Prozeß der Handelsliberalisierung schließlich an, insbesondere vor dem Hintergrund seiner führenden Machtposition in Europa infolge des Wiener Kongresses nach 1815, wobei es sich aus einer Position der politischen und ökonomischen Stärke heraus für Freihandel und internationalen Wettbewerb einsetzte, während etwa das Osmanische Reich zeitgleich den umgekehrten Weg in Richtung Protektionismus beschritt.

Die ideologische Grundlage der Freihandelsidee reicht freilich über den Umbruch von 1815 hinaus und basiert letztlich auf den Ideen der Aufklärung des 17. und 18. Jahrhunderts, die als europäisches Phänomen die Vernunft zur obersten Instanz erklärte, die Bedeutung der individuellen Handlungsfreiheit betonte, Emanzipation und Menschenrechte sowie die Hinwendung zu neuen Erkenntnisquellen und Kommunikationsformen propagierte. Im Bereich der Ökonomie, hier vor allem hinsichtlich der weltwirtschaftlichen Zusammenhänge bzw. der Außenwirtschaftsbeziehungen, wirkte sich die Aufklärung in der Idee des freien Handels und der Ablehnung von Privilegien, Zünften, Monopolen und der Sklaverei sowie von staatlicher Regulierung und Zöllen zum Schutz der eigenen Wirtschaft aus, wie sie in der Phase des Merkantilismus praktiziert worden waren. Die bekanntesten Vertreter dieser Ideen waren Adam Smith und David

Ricardo, die in ihren Werken über den «Wealth of Nations» (1776) bzw. über die «Principles of Political Economy and Taxation» (1817) die Vorteile des Freihandels nicht zuletzt durch das Prinzip der internationalen Arbeitsteilung und der komparativen Kostenvorteile begründet sahen. Smith und Ricardo wiederum entwickelten ihre Ideen im Umfeld aufklärerischen Gedankenguts, beeinflußt u. a. von europäischen Denkern wie David Hume, Robert Malthus, Jeremy Bentham, Voltaire, Montesquieu, den französischen Physiokraten und italienischen Intellektuellen. Nach Adam Smith sollte sich jedes Land auf die Produktion derjenigen Güter spezialisieren, bei denen es über absolute Kostenvorteile verfügte. Die anderen Güter sollten importiert werden, was den Vorteil des freien Handels begründete. Nach Ricardo kann es aber auch selbst für ein Land, welches nicht über absolute Kostenvorteile verfügt, sinnvoll sein, internationalen Handel zu betreiben, indem es sich auf die Herstellung bestimmter Produkte konzentriert, die es relativ günstiger herstellen kann und die Produktion anderer Güter dafür aufgibt, um so Handelsvorteile zu erzielen. Die Vorteile ergeben sich damit nicht aus den absoluten Produktionskosten, sondern aus den relativen Kosten der Produktionsgüter zueinander.

Diese Ideen bzw. Theorien der politischen Ökonomie hatten Auswirkungen auf die politische Praxis in Großbritannien und anderen Staaten, indem sie durch Schüler und Weggefährten Adam Smiths und David Ricardos sowie andere Ökonomen und Juristen aufgegriffen und in der parlamentarischen Gesetzgebung bzw. Maßnahmen der Außenwirtschaftspolitik umgesetzt wurden. So wurde die Navigationsakte in zwei Schritten 1822 bzw. 1849 abgeschafft ebenso wie das Verbot der Auswanderung von Handwerkern (1824). Das Exportverbot britischer Maschinen wurde gelockert (1824), das Monopol der britischen Ostindienkompanie durch zwei Gesetze (1813 und 1853) aufgehoben, die Sklaverei verboten (1833), und schließlich fielen 1846 auch die «Corn Laws», die den freien Handel mit Getreide verhinderten und die als Ausdruck des Merkantilismus schlechthin galten. Dies bedeutete sicherlich noch nicht, daß nun gänzlich demokratische und liberale Strukturen entstanden, doch war Großbritannien durch die eingeleiteten Maßnahmen auf dem Weg dorthin und setzte Maßstäbe für den Freihandel, die auch in anderen europäischen Staaten sukzessive an Bedeutung gewannen, so etwa in Spanien, Dänemark, den Niederlanden, Norwegen und Schweden. Dänemark hatte sogar schon 1797 Importrestriktionen aufgehoben und Zölle gesenkt, während die Niederlande 1819 unter dem Eindruck einer inzwischen aufgelösten Ostindienkompanie eine relativ liberale Handelspolitik praktizierten. Aber dies stellte – zumindest im ersten Jahrzehnt nach dem Wiener Kongreß – keine generelle Entwicklung dar. Im Gegenteil: Bairoch spricht hier von einem «Ozean des Protektionismus, umgeben von einigen wenigen liberalen Inseln». Neben dem Osmanischen Reich praktizierten auch Österreich-Ungarn und Rußland eine stark protektionistische Politik, und es sollte bis in die 1860er Jahre dauern, bis weitere Staaten wie Belgien, Italien, die Schweiz und der Deutsche Zollverein sich in Europa dem britischen Freihandelsvorbild und konkret dem Cobden Chevalier-Vertrag (1860 zwischen Großbritannien und Frankreich) anschlossen, der deutliche Zollsenkungen und einen weitgehenden Freihandel zwischen den (europäischen) Staaten vorsah. Bis dahin waren allerdings nur etwa vier Prozent der europäischen Bevölkerung von den Prinzipen des liberalen Freihandels tangiert.

Doch die geringe Verbreitung der Freihandelspolitik war nicht ihr einziges Defizit. Mit Blick auf die weltweiten Wirtschaftsbeziehungen und die gewaltsame Öffnung Chinas durch die Opiumkriege ab 1839, die Politik der «ungleichen Verträge» sowie die erzwungene Öffnung der japanischen Häfen 1853 und die kolonialpolitischen Maßnahmen in Indien und anderen Regionen der Welt wird man nur sehr eingeschränkt von einer Phase der Handelsfreiheit, sondern eher von «Freihandelsimperialismus» sprechen können.

5. Technik und technisches Wissen

Der zunehmende Welthandel und die weltwirtschaftliche Integration seit dem 16. Jahrhundert sowie die Verlagerung eines Großteils der Warenströme auf die Meere basierten nicht zuletzt auf technischen Innovationen, insbesondere im Bereich des Schiffbaus sowie in einer Erweiterung der Wissensgrundlagen auf den Gebieten der Navigation und der Kartographie und in der Gründung entsprechender wissenschaftlicher Institutionen. Schiffahrt und Schiffbau gehörten zu den dynamischsten und wachstumsstärksten Sektoren der europäischen Wirtschaft (Lucassen/Unger). Und auch hier lassen sich die bekannten Muster der «Durchbrechung des frühneuzeitlichen Gleichgewichts» und die Entwicklung hin zu einer europäischen Dominanz beobachten. Im Bereich des interkontinentalen Transportwesens, bei Schiffbau und Navigation und Kartographie, büßten China, Indien und der arabische Raum nicht erst im Zuge der «Great Divergence» ihre führende Stellung aus der Zeit des Mittelalters ein. (West-)Europa konnte an deren technologischen Stand anknüpfen und ihn erweitern, wodurch es die Grundlagen legte für seine weltwirtschaftliche Dominanz. Dabei waren es im 15. Jahrhundert zunächst die Portugiesen, gefolgt von Niederländern und Briten, die wichtige Innovationen in den Bereichen Schiffbau, Navigation und Kartographie einführten.

Schiffbau

Bereits im 13. Jahrhundert war in Portugal die «Caravela» als Urtyp der «Caravelle» entwickelt worden, die sich in der Folgezeit durch Nachahmung bis in den Ostseeraum ausbreitete, wobei die Transportkapazitäten beständig zunahmen und Ende des 15./Anfang des 16. Jahrhunderts bei ca. 800 Tonnen lagen. Auch auf der Basis fortgeschrittener Erkenntnisse auf dem Gebiet der Astronomie entwickelten die Portugiesen technische Instrumente und Schiffsalmanache, die etwa Vasco da Gama 1497 die Entdeckung des Seewegs nach Indien ermöglichten. Diese Expedition erfolgte mit Hilfe von vier «Caravelas», auf denen dann auf dem Rückweg nach Portugal Gewürze transportiert wurden. Dies begründete zugleich die Ausweitung der portugiesischen Handelstätigkeit auf den Pazifikraum und die Durchbrechung des arabischen und venezianischen Handelsmonopols mit Indien. Das portugiesische Vordringen entlang der westafrikanischen Küste verlief etwa zeitgleich mit den chinesischen Expeditionen an der ostafrikanischen Küste. Noch Ende des 14./Anfang des 15. Jahrhunderts waren chinesische Schiffe (Dschunken) technisch weltweit führend, erreichten mehr als 100 Meter Länge und verfügten über deutlich größere Frachtkapazitäten (bis ca. 2000 Tonnen) und eine höhere Manövrierfähigkeit als die europäischen, und auch im Bereich der Navigation konnten sich die Chinesen auf fortgeschrittene technische Möglichkeiten (Kompaß) und arabisches Know-how stützen. Nicht zuletzt deshalb betont Joseph Needham, daß das «portugiesische Jahrhundert» auch ein «chinesisches Jahrhundert» war. Doch spätestens seit dem 16./17. Jahrhundert hatte die Landorientierung der chinesischen Wirtschaftspolitik einen Niedergang des chinesischen Schiffbaus zur Folge, ablesbar an einer geringeren Anzahl an Schiffstypen, an schlechterer technischer Ausstattung der Schiffe sowie insgesamt nachlassender Kreativität im Vergleich zur europäischen Entwicklung.

Auch andere Weltregionen bzw. Kulturen verfügten über umfangreiche Kompetenzen auf den Gebieten des Schiffbaus und der Navigation. Osmanische Galeerenflotten garantierten im 16. Jahrhundert die Kontrolle über Teile des Mittelmeers. Dies gilt in ähnlicher Weise für den Seehandel. Im Indischen Ozean bewegte sich die arabische «Dhaw», ein hochseetüchtiges Segelschiff, welches bei einer Länge von etwa 30 Metern ca. 150 Tonnen Last transportieren konnte, damit aber kaum europäische oder gar chinesische Maße erreichte. Arabische und indische Schiffe waren zudem zu unsicher, um extrem weite Entfernungen, etwa zur Umsegelung des Kaps der Guten Hoffnung, zurücklegen zu können. In den nicht im arabischen Handelsraum integrierten afrikanischen Küsten war allerdings die Hochseeschiffahrt sowie insgesamt die Transporttechnologie vergleichsweise unterentwickelt. In Südostasien und im Bereich des malaiischen Archipels wurden demgegenüber die dichten Handelsrouten zwischen den Inseln seit dem 17. Jahrhundert u.a. von mehrmastigen großen Lastenseglern befahren, die als motorisierte Schiffe bis in die Gegenwart hinein in Gebrauch sind. Die Seefahrerkulturen der Region entwickelten hohe nautische Kompetenzen und stützten sich zunehmend auch auf technische Hilfsmittel von Chinesen und Arabern.

Die wachsende europäische technische Dominanz – hier vor allem auf dem Gebiet des Schiffbaus und der Navigation – war schließlich das Ergebnis weiterer Innovationen sowie der Verknüpfung ziviler und militärischer Neuerungen, aber auch des Niedergangs der chinesischen Seemacht. Innerchinesische Konflikte, äußere militärische Bedrohungen an den Landgrenzen und eine zunehmend landorientierte und zugleich anti-maritime Politik Chinas gegen Ende des 15. Jahrhunderts waren wesentliche Gründe für diese Entwicklung. Seit dem 16. Jahrhundert gab es kaum noch Veränderungen im chinesischen Schiffsbau. An die Stelle der portugiesischen und chinesischen Vorherrschaft traten nun seit dem 16. Jahrhundert Niederländer, Engländer und Franzosen.

Bereits Ende des 15. Jahrhunderts bzw. zu Beginn des 16. Jahrhunderts übernahmen die nördlichen Niederlande die technische Führung im Schiffbau, sowohl auf dem Gebiet der zivilen Handelsschiffahrt als auch im militärischen Bereich. Aus der großen Palette unterschiedlicher niederländischer Schiffstypen ragte die Ende des 16. Jahrhunderts konstruierte «Fleute» heraus, die zwar nur über eine geringe Tragfähigkeit von 100 Tonnen verfügte, aber als schnelles und wendiges Schiff besonders geeignet war für den Handel auf der Nord- und Ostsee. Durch technische Neuerungen wie etwa die Verlegung der Ruder unter Deck, durch Verlängerung der Masten und Vergrößerung der Segel konnten immer größere und schnellere Schiffe gebaut werden. Zwischen den Seefahrer- und Handelsregionen kam es zu intensivem und interregionalem Technologietransfer im Bereich des Schiffbaus. Das notwendige Bauholz wurde zum Teil über größere Entfernungen transportiert, so daß es auch hier zu einem interregionalen Austausch kam. Die zunehmenden Ladekapazitäten wiederum wirkten sich auf den Ausbau der Hafenanlagen und der Umschlagmöglichkeiten sowie die gesamte Hafen- und Schiffsinfrastruktur aus. Die nördlichen Niederlande waren nicht nur führend beim Bau von Handels-, sondern auch dem von Kriegsschiffen. Bis zum Mittelalter waren Letztere vor allem umgebaute Handelsschiffe. Für den Transport großer Mengen Gold, Silber und anderer Güter im Zuge des Atlantikhandels wurden Schiffe mit großer Ladekapazität benötigt, die – noch von Genueser Schiffbaumeistern – in Form der Galeone konstruiert und dann häufig zu umfangreichen Geleitzügen zusammengestellt wurden. Galeonen konnten bis zu 1500 Tonnen Güter laden, hatten bis zu 2000 Mann Besatzung und verfügten über eine umfangreiche Bewaffnung. Aufgrund ihrer Größe und Repräsentativität kamen Galeonen auch häufig zu Prestigezwecken zum Einsatz. Galeeren, die noch aus der Antike bekannt waren und vor allem von Sklaven gerudert wurden, erfuhren im 16. Jahrhundert ebenfalls technische Neuerungen, u. a. durch eine stärkere Besegelung und die Aufnahme von Geschützen, so daß sie dann als «Galeassen» vor allem in kriegerischen Auseinandersetzungen zum Einsatz kamen. Seit dem 16. Jahrhundert kam es zu einer stärkeren Trennung von Handels- und Kriegsschiffen. Die Holländer waren schließlich die ersten, die eine Flotte reiner Kriegsschiffe bauten, die schließlich im ersten englisch-holländischen Krieg zum Einsatz kam. Neben der Kriegführung spielten Kriegsschiffe auch als Begleitschutz der Handelsschiffe, etwa im Kampf gegen Piraterie, eine wichtige Rolle. Insgesamt wird die niederländische Flotte zu Beginn des 17. Jahrhunderts auf 10000 bis 16000 Schiffe geschätzt und übertraf damit alle anderen europäischen Länder.

Die militärische Schiffahrt inklusive der Piraterie hatte keine Entsprechung im asiatischen Raum. Chinesische oder arabische Handelsbeziehungen verliefen weitgehend friedfertig. Dazu hatte auch die anti-maritime Politik der Chinesen seit dem 15. Jahrhundert beigetragen, die mit der Dezimierung ihrer Kriegsflotte einhergegangen war. Aber auch in der Folgezeit lassen sich im Rahmen der chinesischen interkulturellen Kontakte – abgesehen von kleineren militärischen Auseinandersetzungen – keine Kreuzzugs- oder Eroberungsmentalität, militärische Unterwerfungen, Sklavenraubzüge oder militärische Befestigungsanlagen beobachten, die von entsprechenden Entwicklungen der Militärtechnologie begleitet waren.

Das Ende der niederländischen Vormachtstellung, insbesondere auf dem Gebiet der Handelsschiffahrt, verlief parallel zum Aufstieg Großbritanniens und Frankreichs zu den dann führenden Seehandelsnationen. Mit der Verabschiedung der Navigationsakte 1651, die den Bau von Handelsschiffen verstärkte, und drei niederländisch-britischen Seekriegen im 17. Jahrhundert errang Großbritannien die Vormachtstellung auf dem Gebiet der Handels- und Kriegsschiffahrt. Im frühen 18. Jahrhundert entwickelten die Engländer mit dem «Schoner» insbesondere für die Kolonien in Nordamerika einen neuen Schiffstyp, der sowohl für militärische als auch für zivile Zwecke von Interesse war. Das gilt auch für die Galeere, die von Sklaven gerudert wurde und deutlich wendiger und schneller war als die eher schwerfälligen Karavellen. Frankreich spielte bis ins 17. Jahrhundert hinein im Vergleich zu den Niederlanden und Großbritannien auf dem Gebiet des Schiffbaus nur eine untergeordnete Rolle und verzeichnete auf technischem Gebiet erhebliche Rückstände. Diese konnten unter Colbert im Zuge umfangreicher Maßnahmen der Wirtschafts- und Technikförderung – auch beim Schiffbau – in relativ kurzer Zeit aufgeholt werden, so daß Frankreich in den 1680er Jahren mit den britischen und holländischen Konkurrenten gleichziehen konnte. Dabei orientierte sich Colbert durchaus an englischen und holländischen Vorbildern des Schiffbaus, die in einem «Schiffsatlas» erfaßt wurden. Er ließ zahlreiche neue Werften errichten und förderte die naturwissenschaftliche Forschung.

Einen deutlichen Entwicklungssprung der Schiffstechnik brachte schließlich die Entwicklung des Dampfschiffs im frühen 19. Jahrhundert, welche einen weiteren Schritt auf dem Weg zur technologischen Überlegenheit Europas sowie auch der USA gegenüber anderen Regionen der Welt markierte. Erste dampfbetriebene Schiffe waren bereits Ende des 18. Jahrhunderts temporär auf englischen Binnengewässern eingesetzt worden, und im Jahr 1807 verkehrte das erste Dampfschiff im Dauerbetrieb auf dem Hudson-River. Die dampfgetriebene Seeschiffahrt begann um 1820 mit Verbindungen an der englischen Küste, 1822 zwischen Dover und Calais, und ein weiteres Jahrzehnt später folgte die transatlantische Hochseeschiffahrt zwischen Europa und den USA. Neben der neuen Antriebstechnik wurden neue Baumaterialien eingesetzt. Die «Great Britain» war das erste Hochsee-Dampfschiff mit einem eisernen Rumpf. Ziel war es, immer schnellere und sparsamere Schiffe zu bauen. Während eine Schiffsreise von New Orleans bis New York 1817 noch etwa 30 Tage dauerte, waren es 1835 nur noch neun Tage. Seit Ende der 1830er Jahre sorgte die Entwicklung der Schiffsschraube für eine weitere Steigerung der Geschwindigkeit gegenüber dem Raddampfer. Nicht nur in der zivilen, sondern auch in der militärischen Schiffahrt spiegelte die neue Technik schließlich die militärische Überlegenheit Europas und zunehmend auch der USA, in den Kolonialkriegen oder auch in den englischen Opiumkriegen, wider.

Nautik und Navigation

Weltweite Schiffsreisen, Entdeckungsfahrten, Handels- und Kriegsexpeditionen waren wiederum angewiesen auf die Erweiterung von Kenntnissen auf den Gebieten der Nautik und Navigation sowie auf ein stetig verbessertes Kartenwerk. Hier waren die Chinesen und Araber den Europäern noch im 15. Jahrhundert etwa ein Jahrhundert voraus. Kolumbus stützte sich bei seinen Entdeckungsreisen auf ptolemäische Angaben über die Größe und Ausdehnung der Erde, die davon ausgingen, daß diese um etwa ein Drittel kleiner sei als nach späteren Berechnungen festgestellt, wobei auch der Pazifik noch keine Berücksichtigung fand. Gleichzeitig ging man von einer geschlossenen Landmasse zwischen Südafrika und Ostasien aus, die einen gemeinsamen

Südkontinent bildete. Die Verzeichnung der Meere und Landmassen war ungenau und häufig irrreführend. Der Flame Georg Mercator konnte aufgrund von genaueren Berechnungen von Meridianen und Breitenkreisen deutlich exaktere Kartenprojektionen erstellen und diese in Form eines 1541 entwickelten Globus und 1569 auf seiner neuen Weltkarte festhalten. Es gibt aber Hinweise darauf, daß ähnlich genaue Bestimmungen von Längen- und Breitengraden und entsprechend exaktes Kartenwerk in China seit mehreren Jahrhunderten bekannt waren. Auch in der islamischen Welt war die mathematische Erfassung der Erdoberfläche bereits im Mittelalter so weit fortgeschritten, daß Fuat Sezgin sogar über eine «präkolumbianische Entdeckung Amerikas» spekuliert. Gleichwohl blieb diese, sollte es dazu tatsächlich gekommen sein, folgenlos, und es waren im 17. und 18. Jahrhundert vor allem die neuen Seefahrernationen und Kolonialmächte Niederlande, Großbritannien und Frankreich, die mit staatlicher Unterstützung die Entwicklung präzisen Kartenmaterials und darauf aufbauend die Handelsbeziehungen zur «Neuen Welt» vorantrieben. Neben neuem Kartenmaterial waren Innovationen auf dem Gebiet des Meßwesens wichtige Voraussetzungen für die erfolgreiche und zunehmend sicherere Seefahrt. Dazu zählte der im 18. Jahrhundert entwickelte Sextant, dessen Vorläufer bis ins Mittelalter zurückreichen. Mit Hilfe des Jakobs- oder Kreuzstabes, der bereits im 13. Jahrhundert als Instrument der Winkelmessung entwickelt wurde, konnten die Portugiesen ab dem 15. Jahrhundert genauere Breitengrad- und Positionsbestimmungen durchführen, wobei sie sich auch auf arabische Erkenntnisse und Instrumentarien, nicht zuletzt auf der Basis arabischer Zahlen und Mathematik, stützen konnten. Die Entdeckung des Längengrades, die schließlich erst eine genaue Seenavigation ermöglichte, erfolgte erst im 18. Jahrhundert in England. Schließlich war auch der Kompaß ein ganz wesentliches Instrument der Navigation, welches in Kombination mit verbessertem Kartenwerk und anderen technischen Instrumentarien der europäischen Seefahrt einen deutlichen Vorsprung im technischen Bereich verschaffte. Und auch hier waren es wiederum zunächst die Chinesen, die bereits im 11. Jahrhundert den magnetischen Kompaß auf Schiffen zum Einsatz brachten, etwa ein Jahrhundert, bevor dies in Europa der Fall war. Während es sich beim chinesischen Kompaß um einen «nassen Kompaß» handelte, dessen Nadel im Wasser schwamm und nach Süden ausgerichtet war, entwickelten die Europäer im 13. Jahrhundert den «trockenen Kompaß», der nach Norden ausgerichtet war. Letzterer wies eine größere Genauigkeit und Stabilität auf und wurde schließlich im 16./17. Jahrhundert in China und Japan übernommen. Mit Hilfe des Logs und von Sanduhren konnte man schließlich die Geschwindigkeit und die zurückgelegte Wegstrecke der Schiffe, wenn auch noch recht ungenau, berechnen. Sandgläser übernahmen im 16. Jahrhundert die Chinesen ebenfalls von den Niederländern und Portugiesen. Nicht unwesentlich für den Erfolg der Schiffahrt war schließlich auch die Gesundheit der Besatzung. Auf zahlreichen Fahrten starben viele Besatzungsmitglieder an Krankheiten (u.a. Skorbut) und schlechter Ernährung. In der zweiten Hälfte des 18. Jahrhunderts führte James Cook auf seinen Fahrten u.a. Ernährungsexperimente auf der Basis von Zitrusfrüchten und Sauerkraut durch, die die Widerstandsfähigkeit der Besatzungsmitglieder erhöhten.

Die bislang erwähnte Nutzung von Erkenntnissen zur Verbesserung des Schiffbaus, der Nautik und der Navigation basierten vor allem in Europa zunehmend auf deren Verwissenschaftlichung und Institutionalisierung. Dabei spielten Universitäten und Bildungseinrichtungen eine zentrale Rolle. Die portugiesische Seefahrt profitierte von den Erkenntnissen in Mathematik, Geometrie und Astronomie, die an der Universität Lissabon gewonnen wurden. Sevilla verfügte im 16. Jahrhundert über ein Ausbildungszentrum für Kapitäne, in dem Handbücher, Kartenmaterial etc. zum Einsatz kamen. 1662 wurde in Großbritannien die Royal Society gegründet, der zu Beginn des 18. Jahrhunderts Isaac Newton vorstand. Colbert rief 1666 die Akademie der Wissenschaften in Paris ins Leben, wo im Wesentlichen Grundlagenforschung auf dem Gebiet der Physik, der Mathematik und der Geographie betrieben wurde, die nicht zuletzt der Schiffahrt zugute kam. In Frankreich, den Niederlanden und

Großbritannien gab es staatliche Anreize und Preise zur Weiterentwicklung des wissenschaftlichen Meßwesens, wie überhaupt in diesen Ländern der Ausbau der Naturwissenschaften, der Physik, der Mathematik, der Astronomie und Geographie einen enormen Aufschwung erfuhr, der einer «scientific revolution» gleichkam. Spätestens im 17./18. Jahrhundert beförderte diese die wachsende Bedeutung Europas auf diesen Gebieten. Ob deshalb von einer Überlegenheit oder gar Einzigartigkeit der europäischen Wissenschaft gesprochen werden kann, wie dies etwa Mokyr mit Blick auf die europäische Aufklärung nahelegt, oder im Umkehrschluß anderen Regionen der Welt, wie zum Beispiel Indien, nur ein geringes technologisches und wissenschaftliches Potential unterstellt werden kann, wie Landes dies tut, wird zunehmend bezweifelt. So zeigt das Beispiel Indien einen durchaus hohen Entwicklungsstand auf den Gebieten der Mathematik und der Naturwissenschaften inklusive der Astronomie, aber auch der Botanik und der Medizin sowie deren praktischer Umsetzung in Form von Meßgeräten und Quadranten, Himmelsgloben oder astronomischen Labors, nicht zuletzt gefördert durch die indischen Herrscher des 17. und 18. Jahrhunderts. Dies spricht für einen eigenständigen und erfolgreichen «Indian Path» (Parthasarathi), der allerdings durch die britische Kolonialmacht im 19. Jahrhundert beendet wurde.

Im 19. Jahrhundert bereicherten neue Technologien der Kommunikation und Informationsübermittlung den internationalen und interkontinentalen Wirtschaftsaustausch. Der Telegraph ermöglichte mit Hilfe elektrischer Impulse über Drahtverbindungen seit den 1830er Jahren eine sehr schnelle Informationsübermittlung zunächst auf dem Landweg, die vor allem für militärische Zwecke, für die Eisenbahn und für die gewerbliche Nutzung von großer Bedeutung war. Seit 1866 existierte eine unterseeische Kabelverbindung zwischen London und New York, seit 1869, zeitgleich zum Bau des Suez-Kanals, auch nach Indien, welche eine enorme Beschleunigung des interkontinentalen Informationsaustauschs mit sich brachte. Um 1870 kann man von einem globalen Telegraphennetzwerk sprechen.

Technologie- und Wissenstransfer

Der interkontinentale Austausch von Technologie und der Wissenstransfer hatten dementsprechend sowohl positive als auch negative Seiten. Am Beispiel des Schiffbaus und der Navigation sieht man, daß es auf der Basis umfangreicher Reisetätigkeiten und zunehmend intensiver Begegnungen zu intra- und interkontinentalen Technologie- und Wissenstransfers kam, wobei schließlich auch hybride Entwicklungen zu beobachten sind. Auf dem Gebiet des Schiffbaus und der Navigation betraf dies etwa die Bauweise der Schiffe, den Schiffsrumpf und den Kiel, die verwendeten Materialien (Holz, Eisen), die Ruder, die Takelage oder auch die Segel sowie schließlich die gegenseitige Beeinflussung bei der Entwicklung nautischer Geräte wie dem Kompaß, die wiederum auf dem Informationsfluß mathematisch-naturwissenschaftlicher und kartographischer Erkenntnisse zwischen Arabern, Indern, Chinesen, Japanern und Europäern beruhten. Betrachtet man allein die Entwicklung der Segel, so ergeben sich Querverbindungen von den ägyptischen Rahsegeln aus dem dritten Jahrtausend v. Chr. nach Europa und Indien und von dort bis nach China und Südostasien, wobei es seit dem Mittelalter wiederum auch rückwirkende Einflüsse chinesischer Segeltechnologie auf die europäische Entwicklung und damit auch hybride Entwicklungen gab.

Der Herrscher des indischen Königreichs «Amber», Raja Sai Singh II., förderte im 18. Jahrhundert die indische Astronomie nicht zuletzt durch die Zusammenstellung eines Teams von Wissenschaftlern aus Indien und Europa, wobei es sich bei Letzteren vornehmlich um Jesuiten aus Goa handelte. So entstand ein astronomisches Labor mit einer umfangreichen wissenschaftlichen Bibliothek, die auch andere technische Wissenschaften umfaßte und in mehrere Sprachen übersetzt wurde. Auch der indische Schiffbau wurde durch die Ankunft europäischer Schiffe im Indischen Ozean seit dem 16. Jahrhundert stark beeinflußt. Dies betrifft die selektive Übernahme einzelner Elemente wie etwa eiserne Nägel oder Anker, was wiederum hybride Entwicklungen und Qualitätsangleichungen zur Folge hatte. Es betrifft aber ebenso die Tatsache, daß etwa seit Ende des 17. Jahr-

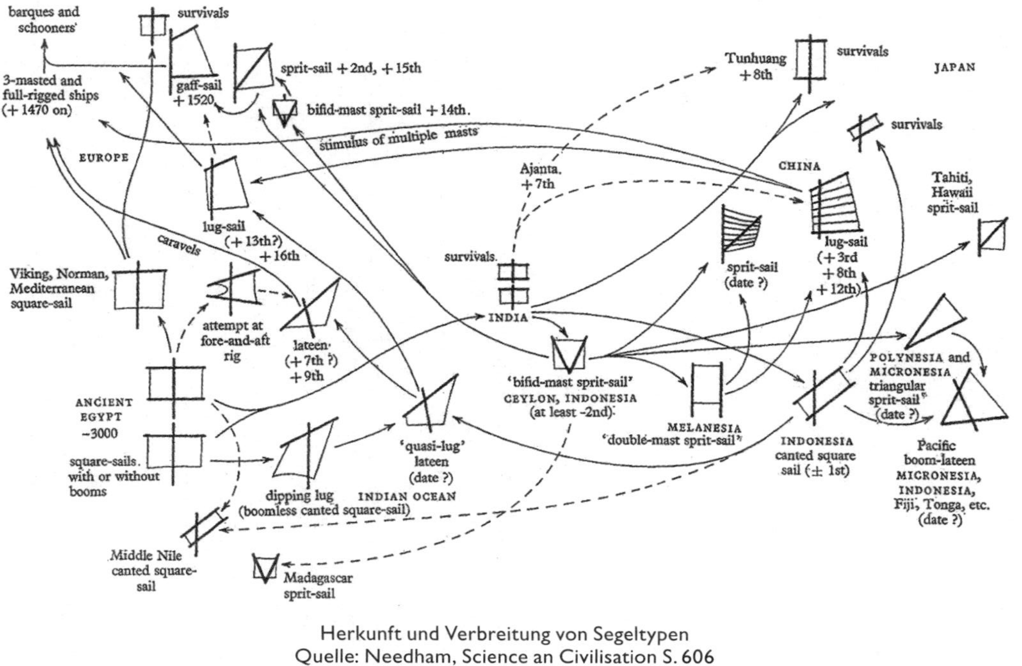

Herkunft und Verbreitung von Segeltypen
Quelle: Needham, Science an Civilisation S. 606

hunderts englische Handelskaufleute ihre Schiffe auch in Indien fertigen ließen. Ähnliches galt schließlich für die East India Company und deren Handel mit Südostasien, aber auch für Dänen, Niederländer und Portugiesen. Dabei spielten weniger Kostenvorteile als vielmehr die längere Haltbarkeit der in Indien hergestellten Schiffe eine Rolle. Im 18. Jahrhundert wurden selbst Kriegsschiffe für die britische Marine teilweise in Indien gebaut. Daß es sich hier um einen sehr selektiven Technologietransfer handelte, zeigt sich beispielsweise daran, daß die Einführung der Druckerpresse in Indien, forciert durch Jesuiten im 16. sowie die East India Company im 17. Jahrhundert, fehlschlug. Offensichtlich bestand kein Interesse von Seiten der indischen Herrscher, die andererseits stark an der Übernahme europäischer Waffentechnologie interessiert waren. Insgesamt gesehen war Indien im 16. und 17. Jahrhundert nicht nur eine bedeutende Wirtschaftsmacht und ein Importeur europäischer Technologie, sondern auch ein wichtiger Exporteur industrieller Produkte, wie bereits am Beispiel des Textilgewerbes gezeigt werden konnte. Diese Stellung wurde durch die britische Kolonialherrschaft teilweise zerstört. Die britischen Herrscher gestalteten die politischen, bürokratischen, wirtschaftlichen und gesellschaftlichen Strukturen um und unterbrachen dabei die eigenständige indische Entwicklung. Der technologische Fortschritt Großbritanniens im Zuge der Industrialisierung und das Auseinanderdriften der Entwicklungen in Europa und Asien führten schließlich auch zum Niedergang der indischen Schiffsindustrie im 19. Jahrhundert, die den aus Stahl gebauten englischen Dampfschiffen nichts mehr entgegenzusetzen hatte. Ähnliche Entwicklungen zeigten sich auch in anderen asiatischen Regionen. Das englische Panzerschiff «Nemesis» zerstörte im ersten Opiumkrieg 1841 an einem Tag neun chinesische Kriegsdschunken sowie zahlreiche Forts, Küstenbatterien und Militärstationen. Hier zeigte sich die technische und militärische Überlegenheit Europas, die im 19. Jahrhundert in Form der Industrialisierung und der «Great Divergence» zum Ausdruck kam und eine Dominanz schuf, die auf dem Zusammenspiel von Gewalt und Geist beruhte.

Noch stärker abgehängt vom technologischen Fortschritt und vom Technologietransfer war der afrikanische Kontinent. Betrachtet man die Einführung der Druckerpresse und ihre Folgewirkungen etwa für die Bildungsentwicklung, so zeigt sich in Afrika eine große technologische Lücke. Erst 1820 wurde etwa in Kairo die Druckerpresse eingeführt. Erst im Zuge des Kolonialismus und als Folge der Industrialisierung Mitteleuropas kam es ab Mitte des 19. Jahrhunderts zu einem verstärkten Technologietransfer mit dem Ziel der verkehrstechnischen (Eisenbahnbau) und wirtschaftlichen Erschließung der afrikanischen Kolonien.

Vernetzung und Konvergenzen

Die neuen Technologien, insbesondere im Bereich des Verkehrswesens und der Schiffahrt, zunehmend auch auf dem Gebiet der Kommunikation, ermöglichten eine weltweite Vernetzung und Integration der Handelsströme, eine Verkürzung von Raum und Zeit, wobei deutliche Asymmetrien erkennbar sind. Die Vernetzung blieb unvollständig, und es gab deutliche Hierarchien in der Dichte und Intensität der Handelsbeziehungen. Intensive Handelsbeziehungen bestanden zwischen Europa und Nordamerika sowie zu Teilen Südamerikas, nach China und Indien sowie zum südostasiatischen Inselarchipel. Die wichtigsten Schiffsverbindungen verliefen zwischen New York und London bzw. Liverpool, von Japan über Hongkong und Singapur zu den europäischen Atlantik- und Nordseehäfen, wobei der Bau des Suez-Kanals 1869 eine deutliche Verkürzung der Fahrtzeit mit sich brachte. Wichtige Verbindungen bestanden auch zwischen europäischen Hafenstädten und Argentinien sowie Uruguay. Auf der südlichen Erdhalbkugel waren es vor allem die Linien zwischen Australien, Südafrika und von dort nach Europa sowie zwischen den Küsten Ostasiens und der Westküste Nordamerikas. Die größten Hafenstädte waren London, New York, Liverpool, Hongkong und Hamburg. Gleichzeitig waren große Teile Nordasiens und Afrikas weitgehend von diesen Verbindungen abgeschnitten.

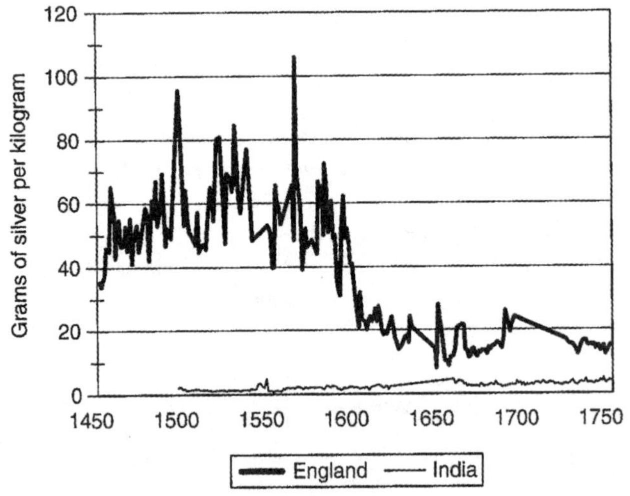

Pfefferpreise in England und Indien 1450–1750
Quelle: Allen/Global 18

Schnellere, größere und sicherere Schiffe und Schiffsverbindungen sowie eine quantitative Zunahme der Schiffe und der Schiffsladungen verursachten seit dem 16. Jahrhundert, ergänzt durch neue Kommunikationstechnologien seit dem 19. Jahrhundert (Telegraph, Unterseekabel ab 1850, 1866 zwischen Europa und Amerika), auch deutliche Kostensenkungen und für einige Bereiche Preiskonvergenzen, so daß Jan de Vries in diesem Zusammenhang von einem «first age of globalization» spricht. So nahm die Anzahl der Schiffe, die seit Beginn des 16. Jahrhunderts beispielsweise über die Kaproute nach Asien gelangten, bis Ende des 18. Jahrhunderts um das Fünffache zu. Dabei erhöhte sich auch die Anzahl und der Umfang der aus Asien zurückkehrenden Schiffe. Europäische Staaten dominierten den Weltschiffshandel, insbesondere die Importe von Waren aus dem Asien- und Atlantikhandel. Dabei machte der Atlantikhandel etwa 31 Prozent der gesamten europäischen Importe aus, der Asienhandel ca. zwölf Prozent. Schließlich lassen sich bei einigen Massengütern deutliche Senkungen der Frachtraten be-

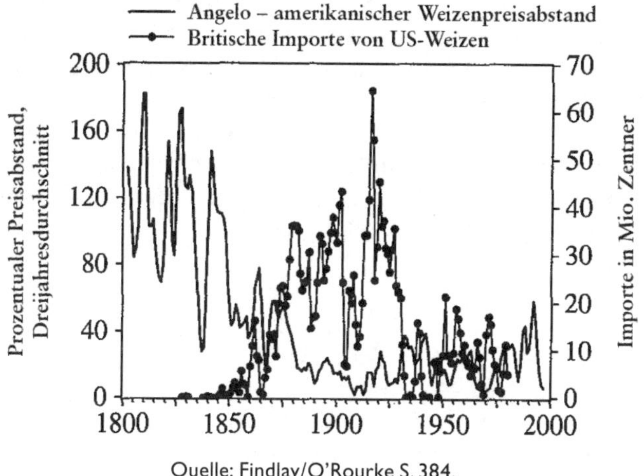

Quelle: Findlay/O'Rourke S. 384.

obachten. Allerdings verringerten sich im 16. und 17. Jahrhundert auch die Handelsspannen etwa der Ostindienkompanien infolge der zunehmenden Konkurrenz, was wiederum den Druck zur Senkung der Transportkosten, etwa durch technische Innovationen und die Erhöhung der Arbeitsproduktivität, beförderte. Darüber hinaus versuchten die Handelskompanien rückläufige Gewinne durch zusätzliche Einnahmen aus Steuern und Zöllen zu kompensieren.

So lassen sich zumindest Tendenzen hin zu einem Zusammenwachsen von Märkten, zu einer zunehmenden Marktintegration und zu einer Angleichung der Preise bei bestimmten Gütern beobachten. Beispielsweise entwickelte sich zwischen dem 17. und 19. Jahrhundert ein zusammenhängender europäischer Farbstoffmarkt. Die Preise für Pfeffer sanken in Europa seit der zweiten Hälfte des 16. Jahrhunderts drastisch, während sie gleichzeitig in Indien langsam anstiegen.

Für Massengüter wie Getreide, Metalle oder Textilien lassen sich entsprechende Preisangleichungen im Zuge der «Transportrevolution» erst im Laufe des 19. Jahrhunderts beobachten. Insofern ergaben sich auch im globalen Maßstab Konvergenzen, die es jedoch für die Zeit vor dem 19. Jahrhundert noch nicht erlauben, von allgemeinen Preiskonvergenzen als Indikator für Globalisierung zu sprechen. Stattdessen beschreibt der Begriff der «Proto-Globalisierung» das Geschehen treffender. Neben der Ausweitung des Handels und technischen Innovationen, vor allem im Bereich des Schiffbaus und der Navigation, trug dazu auch der allmähliche Wegfall merkantilistischer Handelsrestriktionen bei.

6. Politik und Gewalt

Die Ausweitung der interregionalen und interkontinentalen Handels- und Wirtschaftskontakte, die Sicherung von Ressourcen, Waren und Arbeitskräften sowie der Zugang zu Märkten erfolgte auf unterschiedlichen Wegen und durch Zuhilfenahme verschiedener Mittel, die von formalisierten Verträgen über informelle Netzwerke bis hin zur Anwendung von Zwang und Gewalt reichten.

Es ist unbestritten, daß Gewalt ein zentrales Mittel war, um im Rahmen der zunehmenden weltwirtschaftlichen Verflechtung die Dominanz Europas durchzusetzen. Die europäischen Großmächte setzten Gewalt ein, um ihre Ziele durchzusetzen, angefangen bei den Eroberungszügen der Spanier und Portugiesen Ende des 15. Jahrhunderts, über den Kolonialismus der Frühen Neuzeit bis hin zum Imperialismus des 18. und 19. Jahrhunderts. Sven Beckert benutzt den Begriff des «Kriegskapitalismus», um die Besonderheiten der europäischen Expansion zu charakterisieren. Schließlich ist das Argument «Warfare mattered» (Rosenthal/Bin Wong), auch mit Blick auf die Herausbildung der «Great Divergence», nicht von der Hand zu weisen. Das wird sicherlich auch nicht dadurch relativiert, daß Portugal und Spanien trotz gewaltsamer Ressourcenausbeutung und Sklavenhandel im Vergleich zu anderen europäischen Staaten wirtschaftlich längerfristig unterentwickelt blieben und andererseits der Erfolg der britischen Wirtschaft weitgehend auf freiem Tausch beruhte und daß die europäischen Mächte im Austausch mit China, Indien, Japan sowie dem Osmanischen und dem Safawidenreich größtenteils «gewöhnliche Marktteilnehmer» waren, die den anderen Wirtschaftsakteuren nicht einfach ihren Willen aufzwingen oder von ihnen festgelegte Preise verlangen konnten. Vielmehr wird hinsichtlich der Analyse von Zwang und Gewalt und deren Bedeutung für die Entwicklung der Weltwirtschaft deutlich, daß diese vergleichend und kontextualisierend erfolgen muß, um dem Phänomen angemessen Rechnung zu tragen.

«Protokolonialismus» und Aufstieg Europas

Mit dem Übergang vom Mittelalter zur Frühen Neuzeit und im Zuge der Entdeckung der Neuen Welt zeigen sich Kontinuitäten der europäischen Ressourcenausbeutung sowie der kolonialen Transformation der eroberten Gebiete. Der «Protokolonialismus» der italienischen Seerepubliken im östlichen Mittelmeer und die dortige Durchsetzung der Plantagenwirtschaft wurde in ihren Grundzügen im Kolonialismus der Frühen Neuzeit fortgeführt. Dies gilt auch für die päpstliche Legitimation solcher gewaltsam durchgeführter Eroberungen, die nicht zuletzt in der Tradition der Kreuzzüge standen. Das gilt auch für den Vertrag von Tordesillas von 1494 und die vom Papst dort festgelegte Aufteilung der spanischen und portugiesischen Expansionsgebiete, der ebenfalls eine Legitimation gewaltsamer Inbesitznahme durch christliche Eroberer bedeutete. Das portugiesische und spanische Vordringen in Südamerika, die Zerstörung des Aztekenreiches und die Unterwerfung der Maya-Fürstentümer ging Hand in Hand mit Maßnahmen der Missionierung, Christianisierung und Europäisierung. Die Suche nach Gold und Silber «steht am Anfang des großen Raubzugs» (Wolfgang Reinhard), der zu einer teilweisen Ausrottung der indigenen Bevölkerung führte. Die Silber- und Quecksilberminen wurden von der spanischen Krone (Bergregal) in Form von Monopolen an Kaufleute verpachtet, die auf der Basis von Versklavung und Zwangsarbeit Bodenschätze ausbeuteten. Daneben gab es weitere Formen der Ausbeutung von Arbeitskräften wie etwa das System der «encomienda», der «Repartimiento» oder der «mita», die nicht im engeren Sinne auf Sklaverei basierten, sondern auf der Zuweisung einheimischer Arbeitskräfte durch spanische Beamte, wobei formal freie Arbeiter gegen Lohn, Kleidung und Verköstigung ihre Arbeitskraft zur Verfügung stellten. Das schloß allerdings nicht aus, daß die Arbeitsrekrutierung im System der «encomienda» gewaltsam erfolgte, auf der Nutzung von Frauen- und Kinderarbeit basierte und zum Auseinanderreißen der einheimischen Familien führte.

Die Anwendung von Gewalt, Versklavung und brutale Formen der Arbeitsausbeutung waren aber auch schon frühzeitig von Anklagen begleitet, etwa von Seiten der Dominikaner gegen «Grausamkeiten und Tyrannei», verbunden mit der Forderung nach Freilassung der Indianer, die zumindest im Jahr 1512 die erste Indianergesetzgebung der spanischen Krone und 1542 ein Verbot der Indianersklaverei nach sich zog. Zwar wurden die einheimischen Sklaven dann durch afrikanische ersetzt, doch spricht dies gleichwohl für eine frühe Auseinandersetzung mit Gewalt und Sklaverei innerhalb der europäischen Gesellschaften, die spätestens im Zuge der Aufklärung im 17. und 18. Jahrhundert stärker werden sollte.

Die frühen Debatten hatten allerdings keine kurzfristigen oder gar flächendeckenden Folgen, die sich etwa in einem Rückgang herrschaftlich bzw. staatlich legitimierter Gewaltanwendung im Rahmen der globalen Erweiterung von Handels- und Wirtschaftsbeziehungen gezeigt hätten. Zwang und Gewalt blieben aus Sicht der handelnden Akteure legitime Mittel zur Durchsetzung ihrer Ziele. Das gilt auch für die seit Beginn des 17. Jahrhunderts gegründeten Handelskompanien in Großbritannien, Frankreich und den Niederlanden. In Anknüpfung an die spätmittelalterlichen Praktiken des «Protokolonialismus» italienischer Handelsmächte gründeten die frühneuzeitlichen Handelskompanien Handelsniederlassungen (Faktoreien) und schlossen Verträge mit den örtlichen Machthabern ab. Ihr Ziel war zumeist, Handelsmonopole zu errichten, um sowohl die asiatische und auch europäische Konkurrenz – vor allem Spaniens und Portugals – auszuschalten. Gelang dies nicht mit friedlichen Mitteln, so setzten die Handelskompanien ihren Monopolanspruch in Form militärischer Intervention, Okkupation und Destruktion durch und scheuten auch nicht vor Massakern zurück, die zur Vernichtung gegnerischer Niederlassungen führten. Pomeranz/Topic sprechen in diesem Zusammenhang von einer «gewaltsamen Geburt» dieser neuartigen privatwirtschaftlichen Institutionen, die von staatlicher Seite zur Gewaltanwendung legitimiert waren. Diese zeigte sich sowohl bei bewaffneten Auseinandersetzungen zwischen den europäischen Handelsmächten als auch auf den neu erschlossenen Märkten insbesondere im Pazifikraum, wobei aufgrund der zunehmenden technisch-militärischen Überlegenheit – nicht zuletzt im Schiffbau – die arabischen, indischen und chinesischen Kaufleute aus zahlreichen interkontinentalen Märkten verdrängt wurden.

Spätestens seit Beginn des 18. Jahrhunderts war die militärische Überlegenheit Europas – auch im Bereich des Handels – so groß, daß etwa Großbritannien, Frankreich und die Niederlande weltweit kaum Widerstand zu fürchten hatten. Dies war nicht zuletzt auch das Ergebnis europäischer frühneuzeitlicher Staatsbildungsprozesse und einer merkantilistischen Wirtschaftspolitik, bei denen der Aufbau militärischer Strukturen konstitutiv war. Staatsbildung, die Etablierung der Steuerhoheit und des Gewaltmonopols waren eng miteinander verknüpft. Das Gewaltmonopol richtete sich sowohl nach innen als auch nach außen. Mit Blick auf die Kolonialmacht Großbritannien ist zu konstatieren, daß diese ihr Herrschaftsgebiet nicht nur durch Gewaltanwendung nach außen, sondern auch durch «internen Kolonialismus» erweiterte, nämlich als sie sich Waliser, Schotten und Iren einverleibte. Gewalt war in europäischen Gesellschaften also ein vergleichsweise «normales» Mittel zur Bewältigung interner und externer Konflikte bzw. zur Durchsetzung politischer und ökonomischer Ziele.

Die Anzahl der Kriege lag insbesondere im 16. und 17. Jahrhundert vergleichsweise hoch. In diesen Zeitraum fiel die europäische Expansion nach Asien und den Amerikas, bei der die europäischen Großmächte auch untereinander um die maritime

Vorherrschaft kämpften. Durch das Zusammenspiel von privaten Handelskompanien und staatlich-merkantilistischer Wirtschaftspolitik waren «Seeimperien» entstanden, die keine territorial geschlossenen Herrschaftsräume darstellten, sondern als ein Netz kleinteilig zusammengesetzter Handelsbereiche erscheinen, die wiederum militärisch abgesichert waren. Zwischen den europäischen «Seaborne Empires» kam es seit dem 16. Jahrhundert zu einer Art Mächtekonkurrenz und zu permanenten gewaltsamen Auseinandersetzungen, Kriegen und Piraterie, die zur Herausbildung zeitweiliger Hegemonien und zu einer Vielfalt wirtschaftlicher und militärischer Machtzentren, aber nicht zur Schaffung dauerhafter Imperien führte. Dieser, auch gewaltsam ausgetragene, innereuropäische Wettbewerb führte einerseits zu erheblichen Verlusten und band einen Großteil der finanziellen Ressourcen, unter anderem mit der Folge umfangreicher Staatsverschuldung. Kriege führten zudem zur Unterbrechung der Handelsbeziehungen, die etwa im Falle der Französischen Revolution und der anschließenden Kriege sowie der Kontinentalsperre die interkontinentalen Wirtschaftsbeziehungen zahlreicher europäischer Regionen für mehrere Jahrzehnte zum Erliegen brachte. Erst nach 1815, in vielen Fällen auch erst in den 1830er Jahren, gelang es, die vor der Revolution geknüpften Verbindungen, etwa nach Amerika, fortzuführen. Die ambivalente Bedeutung von Kriegen zeigt sich andererseits in der Tatsache, daß der – auch militärisch – geführte Wettbewerb der europäischen Mächte deren Wirtschafts- und Innovationspotential stärkte und ihnen erhebliche Vorteile gegenüber Großmächten wie Indien, China oder dem Osmanischen Reich verschaffte.

Philipp T. Hoffman verbindet den Hinweis auf den frühneuzeitlichen europäischen Wettbewerb mit der Frage, warum Europa die Welt eroberte und verweist dabei auf das «Turnier-Modell». Bei einem Turnier geht es um einen Wettbewerb und um Anreize bzw. Belohnungen wie etwa Silberfunde, Monopolprofite, Handelsvorteile, dieses für sich zu entscheiden. Das Turnier bzw. der Wettbewerb der europäischen Mächte führte nicht nur zum Ausbau des Militärs und zu umfangreichen Investitionen in die Flotten, sondern schließlich auch zu permanenten Innovationsschüben in anderen technischen Bereichen. Letztlich waren es aus Hoffmans Perspektive vor allem politische Ziele, nämlich, als Sieger aus dem europäischen Wettbewerb hervorzugehen, die einen Großteil der Ressourcen banden, und die nicht allein im militärisch-technischen Bereich zu einer europäischen Dominanz führten, sondern auch auf zahlreichen anderen Gebieten permanente Innovations- und Lernprozesse nach sich zogen. Ähnlich argumentieren Paul Kennedy und Herfried Münkler, die ebenfalls von einem Wettstreit der europäischen Mächte als «Impuls zu ständigen Verbesserungen» ausgehen.

Doch selbst wenn man der organisierten Gewalt ein hohes Maß an Erklärungskraft für die europäische Expansion zumißt (Dierk Walter), so beruhte die europäische Durchdringung nicht primär und ausschließlich auf militärischen Mitteln. Es war vielmehr eine Kombination aus innovativen technisch-ökonomischen Entwicklungen und der Anwendung militärisch-gewaltsamer Mittel («Geist und Gewalt»), die die europäische Expansion beförderte und schließlich seit dem 18. Jahrhundert zur Herausbildung einer europäischen politischen und ökonomischen Dominanz und zum europäisch geprägten System des Imperialismus im 19. Jahrhundert führte.

«Gunpowder Empires»

Die wirtschaftliche Expansion setzte umfangreiche Arbeitskräfteressourcen voraus. Auch hier spielte die Anwendung von Gewalt bei Zwangsrekrutierungen sowie im Rahmen von Sklaverei eine große Rolle. Kriege, Gewaltanwendung und Sklaverei waren allerdings kein spezifisch europäisches Phänomen. Vielmehr lassen sich in der Frühen Neuzeit zahlreiche kriegerische Auseinandersetzungen außerhalb Europas beobachten. Im 16. Jahrhundert kam es zum Krieg zwischen dem Osmanischen und dem Safawidenreich, zwischen dem 16. und 18. Jahrhundert fanden insgesamt elf Kriege zwischen Burma und Siam statt sowie mehrere Kriege zwischen Siam und Kambodscha. Im

18. und 19. Jahrhundert waren neben Siam und Vietnam auch China und Laos in Kriege verwickelt, in Südamerika Peru und Bolivien sowie Ekuador und Kolumbien im 19. Jahrhundert. Das Osmanische Reich galt als «Gunpowder Empire», welches bereits bei der Eroberung Konstantinopels 1453 Feuerwaffen einsetzte, mit Hilfe seiner Kriegsflotte nach und nach große Teile des Mittelmeerraumes einnahm und damit auch ein umfangreiches Wirtschaftsimperium begründete. Im 15./16. Jahrhundert stellte das Osmanische Reich im Nahen Osten den «Welthandelsknotenpunkt schlechthin» (Fernand Braudel) dar, der wiederum die europäischen Handelsbeziehungen über Land nach Ostasien blockierte und das Eindringen Portugals und Spaniens in diesen Wirtschaftsraum als Bedrohung empfand. Zahlreiche «Türkenkriege» zwischen dem Osmanischen Reich und unterschiedlichen europäischen Mächten fanden zwischen dem 15. und 19. Jahrhundert statt, wobei neben machtpolitischen und ökonomischen auch religiöse Motive eine Rolle spielten. Gleichzeitig gilt es zu betonen, daß ein Großteil des Handels- und Wirtschaftsaustausches des Osmanischen Reichs in den angrenzenden Regionen Europas wie auch des Vorderen Orients auf friedliche Weise erfolgte.

Auch für China könnte der Begriff des «Gunpowder Empire» zutreffen, wurde doch das Schwarzpulver in China im 11. Jahrhundert entwickelt. Schon im 13. Jahrhundert kam es erstmals in kriegerischen Auseinandersetzungen zum Einsatz. Aber in der entscheidenden Phase der europäischen Expansion seit dem 16. Jahrhundert waren die Chinesen – nicht nur auf dem Gebiet der Waffenproduktion – den europäischen Innovationen kaum noch gewachsen. Nicht allein vor diesem Hintergrund, sondern auch mit Blick auf die Struktur der chinesischen Handels- und Wirtschaftsbeziehungen und im Vergleich mit den kolonialistischen und imperialistischen Bestrebungen der europäischen Mächte sprechen Needham und andere deshalb von einem «Empire without Imperialism». Es gab zwar durchaus politisch-militärische Expansionsbestrebungen Chinas, die sich vor allem im 18. Jahrhundert nach Zentralasien und auf die chinesischen Grenzgebiete richteten (Turkestan, Tibet, Burma, Vietnam, Nepal), so daß in diesem Zusammenhang auch von einem chinesischen «Kolonialismus» gesprochen wird. Im Unterschied zum «europäischen Ausgreifen» gab es jedoch keine interkontinental-imperialistischen Bestrebungen zur Eroberung fremder Märkte bzw. staatlich-militärisch und missionarisch gestützte Handelsstrategien. China war zwar im 14. und 15. Jahrhundert in zahlreichen Regionen des Indischen Ozeans, von der ostafrikanischen Küste und dem Roten Meer über die Küsten Indiens und Südostasiens bis nach Japan und zur Halbinsel Kamtschatka, engagiert. Nach der Entdeckung des Seewegs nach Indien über das Kap der Guten Hoffnung bewegten sich Portugiesen und Chinesen in den gleichen Gewässern an der ostafrikanischen Küste, wobei sich deutliche Unterschiede der Handelskulturen zeigten. Technisch waren die chinesischen Schiffe noch zu Beginn des 16. Jahrhunderts den portugiesischen in Größe und Ausstattung deutlich überlegen. Das sollte sich in der Folgezeit, vor allem auch durch Innovationen im Bereich der Nautik und der Militärtechnik, ändern. Vor allem unterschied sich die portugiesische und chinesische Handelskultur aber in der Frage der Gewaltanwendung. Während die Portugiesen einen militärgestützten Handel betrieben, der an der ostafrikanischen Küste durch Aggressivität und Gewalt gekennzeichnet war, zeichnete sich der chinesische Handel durch ein hohes Maß an Friedfertigkeit aus, der nur in äußerst seltenen Fällen die Anwendung militärischer Mittel einschloß. Die arabischen Städte der ostafrikanischen Küste wiesen vor der Ankunft der Portugiesen keinerlei Befestigungsanlagen auf, was dazu führte, daß die Portugiesen u. a. Mombasa, Faza und Manda im 16. Jahrhundert weitgehend zerstörten. Zwar betonten die Chinesen im Kontakt zu anderen Kulturen ihre eigene Überlegenheit. Diese zeigte sich etwa in Form des Tributsystems, welches von einer weltweiten Anerkennung des chinesischen Kaisers ausging. Während der Ming- und der Qing-Dynastie waren zahlreiche Regionen, u. a. Korea, Japan, Kambodscha und Vietnam, in dieses Handelssystem eingebunden. Inwieweit es sich dabei um ein «sinozentrisches System» handelte, ist ebenso umstritten wie die Frage, ob dieses eher auf Zwang oder Freiwilligkeit beruhte. Das Tributsystem war allerdings nicht von Gewaltmaßnahmen begleitet. Von Ausländern wurde vielmehr als Ausdruck der Bestätigung der kaiserlichen Legitimation die Darbringung von Tributen erwartet, die wiederum durch Gegenleistungen beantwortet wurden. Das Ganze erfolgte in Form aufwendiger Zeremonien, so etwa auch anläßlich der Seeexpeditionen an der afrikanischen Ostküste im 15. Jahrhundert, bei denen die Chinesen von den afrikanischen Hafenstädten Tributleistungen und damit auch die Anerkennung der kaiserlichen Superiorität verlangten, was bisweilen auch zu Irritationen und Konflikten führte – so etwa bei der Begegnung mit den ersten portugiesischen Händlern in Kanton im frühen 16. Jahrhundert. Nur in seltenen Ausnahmefällen hatte dies jedoch militärische Auseinandersetzungen zur Folge, und zu einer Kolonialmacht sollte sich China nicht entwickeln.

Hier trafen also zwei Mächte aufeinander, die jeweils für sich von einer politischen und kulturellen Überlegenheit ausgingen, dies jedoch in der Praxis unterschiedlich umsetzten. Dem rituell aufgeladenen «diplomatischen Warenverkehr» (Thomas Höllmann) der Chinesen stand der militärgestützte Handel der Portugiesen und anderer europäischer Mächte gegenüber, der Gewalt schon von vornherein als Teil der Wirtschaftsstrategie implizierte. Needham und andere führen dies auf den unterschiedlichen Stellenwert zurück, den der interregionale und interkontinentale Handel bei den Europäern einerseits und den Chinesen andererseits hatte. Die Suche nach Gold, Silber und Gewürzen, eingebunden in eine merkantilistische Wirtschaftspolitik mit dem Ziel der Erwirtschaftung von Außenhandelsüberschüssen, erhöhte den Erfolgsdruck europäischer Kaufleute und «merchant adventurers», die in der Tradition der Kreuzzüge zudem eine entsprechende Mentalität und einen Zwang zum Expansionismus ausbildeten, bei der Handel und Krieg eng beieinander lagen. Das chinesische Interesse an europäischen Produkten (mit Ausnahme von Silber) war demgegenüber deutlich geringer, eine merkantilistische Wirtschaftspolitik kaum ausgeprägt. Vielmehr praktizierte China – nicht zuletzt auch als Resultat militärischer Bedrohungen an seinen Grenzen – eine zunehmend binnenhandelsorientierte Autarkiepolitik, zog sich aus dem interkontinentalen Handel zurück und vernachlässigte seinen Seehandel und seine Außenwirtschaftsbeziehungen.

Am Beispiel Chinas wird zudem deutlich, welche Bedeutung der europäische Wettbewerb im Sinne des Turnier-Modells hatte. Denn dieses funktionierte nur so lange, wie die Turniervoraussetzungen gegeben waren, keine Macht eine dauerhafte Vormachtstellung einnahm und es aufgrund dessen zu längeren Friedensperioden kam. Denn dann kamen die aus dem Wettbewerb resultierenden militärischen Innovationen und technischen Lernprozesse nicht zur Wirkung. Genau dies war aber in China der Fall. Bis auf einige Ausnahmen im Rahmen von Grenzkonflikten gab es deutlich weniger kriegerische Auseinandersetzungen und damit auch weniger Anreize für hohe Militärausgaben und Steuern sowie für militärische Investitionen und den Ausbau der Flotte. Dementsprechend ging im Verlauf der Frühen Neuzeit der Anschluß Chinas an die europäische militärisch-technische Entwicklung ebenso verloren wie die damit verbundenen Innovations- und Lernprozesse auf anderen Gebieten. Das chinesische Tributsystem bestärkte diese regionale Hegemoniestellung und verhinderte vergleichbare innovative Entwicklungen, wie sie Europa hervorbrachte.

Die geringere Präsenz und Ausprägung von Gewalt und Zwang zeigte sich auch hinsichtlich der chinesischen Sklaverei, die zwar seit Jahrhunderten praktiziert wurde, aber vor allem auf die häusliche Sphäre begrenzt war und nicht zu dem europäischen System der systematischen Arbeitsausbeutung im Rahmen der Plantagenwirtschaft geführt hatte.

Die systematische und gewaltsame Ausbeutung von Arbeitskräften war, wie bereits dargelegt, kein spezifisch europäisches Phänomen. Im muslimischen Afrika wurde Sklaverei zwischen dem 15. und 19. Jahrhundert millionenfach praktiziert. Indianische Gesellschaften in Amerika kannten die Sklaverei, die in den verschiedenen Stämmen unterschiedlich ausgeprägt war. Sklaven waren zumeist Kriegsgefangene, die nicht selten brutal gefoltert und mißhandelt wurden. Auch das Beispiel des Königreichs Dahomey, welches im 19. Jahrhundert in das französische

Kolonialreich integriert wurde, zeigt eine staatlich dominierte Ökonomie, in der militärische Aktivitäten und Kriegführung eine zentrale Rolle spielten, wobei Sklaverei und Sklavenhandel als legitimes Mittel staatlich-wirtschaftlichen Handelns – wenn auch nicht als primäres Ziel, so doch als willkommener Nebeneffekt – betrachtet wurden. Sie sollten schließlich den Zugang zu ausländischen Waren und Technologien ermöglichen.

Die Europäer konnten an den existierenden Sklavenhandel anknüpfen und diesen – etwa im Rahmen des transatlantischen Dreiecks – in ihre globalen Wirtschaftsstrategien integrieren. Doch selbst unter Anwendung von Gewalt war eine lückenlose Kontrolle der Sklavenhaltung nicht möglich. Schon im 16. Jahrhundert lassen sich Fälle entlaufener Sklaven («Maroons») beobachten, die sich zu Gemeinschaften zusammenschlossen und gegen ihre spanischen Kolonialherren aufbegehrten, Überfälle und Diebstähle verübten, spanische Expeditionen bekämpften, gefangene Afrikaner und Indianer befreiten, was wiederum zur Bekämpfung der Maroons durch die Spanier führte. Gewalt erzeugte Gegengewalt – ohne daß aus Sicht der Kolonialherren dieses Problem, welches in ganz Amerika auftauchte und damit auch Niederländer und Franzosen betraf, langfristig gelöst werden konnte. Ein Aufstand freigelassener Sklaven und weißer Unter- und Mittelschichtsangehöriger führte schließlich im Jahr 1803 zur Gründung des Staates Haiti (ehem. Santo Domingo), wo Sklaven vor allem auf französischen Zuckerplantagen arbeiteten. Ein französisches Expeditionsheer scheiterte bei dem Versuch, den Aufstand niederzuschlagen. 50 000 Soldaten verloren ihr Leben. Nach dieser Niederlage verkaufte Napoleon im sogenannten Louisiana Purchase die nordamerikanischen Besitzungen Frankreichs an die USA.

Kolonialismus und Sklaverei, die Anwendung von Zwang und Gewalt zur Durchsetzung von Handels- und Wirtschaftsinteressen waren also globale Phänomene, welche jedoch vor allem den Europäern zu ihrer hegemonialen Stellung innerhalb der Weltwirtschaft verhalfen, sie aber auch zunehmend vor Probleme stellten, die wiederum Diskussionen um die Abschaffung der Sklaverei und des Merkantilismus beförderten (s. Kap. oben).

Dies führte aber nicht, wie oben bereits angedeutet, zum Ende von Zwang und Gewalt im Rahmen der interkontinentalen Wirtschaftsbeziehungen, sondern mündete in den «Freihandelsimperialismus» des 19. Jahrhunderts, der dieses Phänomen auf einer anderen Ebene fortsetzte.

Im Übergang vom 18. zum 19. Jahrhundert beherrschten die europäischen Mächte, allen voran Großbritannien, die Welt. Im Jahr 1800 kontrollierten die Europäer 35 Prozent der globalen Landmasse, Ende der 1870er Jahre waren es bereits 67 Prozent. Großbritannien entwickelte sich zur größten Industrienation und zum Handelszentrum der Welt. Das Empire hatte dabei u.a. vom Niedergang des niederländischen Konkurrenten und seiner Handelskompanien profitiert sowie von den Territorialgewinnen des Siebenjährigen Krieges und auf dem indischen Subkontinent, so daß schließlich auch der Verlust der amerikanischen Kolonien kompensiert werden konnte. Im 19. Jahrhundert, insbesondere ab 1815, galt es, diese Errungenschaften zu verstetigen, die Märkte offen zu halten und Verkehrswege abzusichern. Schließlich war die britische Volkswirtschaft wie keine andere auf die überseeischen Wirtschaftsverbindungen angewiesen. Die Abkehr vom Merkantilismus, die Abschaffung der Getreidezölle und des Navigation Act, die einstmals den Aufstieg der britischen Wirtschaft unterstützt hatten, ging nun aus einer Position der militärischen, politischen und ökonomischen Stärke heraus einher mit der Hinwendung zum Freihandel und dem Ziel der Herstellung eines freien Weltmarktes. Diese «Pax Britannica» stand in der Tradition von Grotius' Konzept eines «mare liberum», welches es – zur Not auch mit militärischen Mitteln – zu schützen galt. So betonte Adam Smith in seinem Buch «Wealth of nations», daß die britische Armee und Marine auch die Aufgabe hätten, die Gesellschaft vor der Gewalt und der Eroberung durch andere Gesellschaften zu schützen. Dazu gehörten auch der Kampf der Royal Navy gegen die weltweite Piraterie sowie die Durchsetzung europäischer Eigentumskonzepte und Rechtsnormen auf den Meeren. Zu den Widersprüchen der Freiheits- und Friedensvorstellungen einer «Pax Britannica» und zum Kennzeichen des «Freihandelsimperialismus» zählt auch die Tatsache, daß die europäischen Mächte und hier vor allem Großbritannien erstere auch mit Zwang und Gewalt durchsetzten. Dies gilt für die Aufrechterhaltung kolonialer Strukturen ebenso wie für die gewaltsame Öffnung des chinesischen Marktes während der Opiumkriege sowie der japanischen Häfen Mitte des 19. Jahrhunderts und den damit verbundenen Abschluß «ungleicher Verträge» durch europäische Mächte und die USA.

7. Institutionen, Recht, Märkte

Die Rolle von Institutionen ist vor allem mit Blick auf den Aufstieg des Westens und die Entwicklung der «Great Divergence» vielfach dargestellt worden. An dieser Stelle soll weniger nach der wachstumsfördernden Rolle von Institutionen sowie deren Bedeutung für die unterschiedliche Wirtschaftsentwicklung in den Regionen der Welt gefragt werden als nach deren Bedeutung für den globalen Wirtschaftsaustausch. Dabei spielte die Herausbildung von Märkten in unterschiedlichen Zusammenhängen und Ausprägungen eine wichtige Rolle. Dies gilt für Waren-, Finanz-, Arbeits- und Kapitalmärkte. Von internationalen oder interkontinentalen Arbeitsmärkten wird man allerdings nur in sehr eingeschränktem Maße sprechen können, da vor dem Hintergrund gewaltsamer Rekrutierung von Arbeitskräften (z. B. Sklavenhandel, Encomienda) freie Lohnarbeit bis Mitte des 19. Jahrhunderts die Ausnahme bildete. Und auch in anderen Zusammenhängen waren freie Märkte, Marktzugangs- und Wettbewerbsmöglichkeiten noch sehr unterentwickelt.

Der interregionale und interkontinentale Handel brachte den europäischen Staaten im Zuge der frühneuzeitlichen Staatsbildungsprozesse neben den Steuereinkünften wichtige Ressourcen und Einnahmequellen, so daß dieser im Zuge unterschiedlich ausgeprägter Formen des Merkantilismus mit wenigen Ausnahmen (Niederlande) Gegenstand staatlicher Aktivitäten war.

Demgegenüber war der chinesische Staat stärker auf landwirtschaftliche Produktion ausgerichtet und verfügte dort über unterschiedliche Formen von Kontributionen als Einnahmequellen, so daß der Außenhandel in diesem Zusammenhang nur eine untergeordnete Rolle spielte. Die unterschiedlichen Spielarten des europäischen Merkantilismus beförderten den Zugang zu neuen Märkten, während zugleich in zahlreichen Fällen der Zugang zu den eigenen Märkten für andere Mächte erschwert wurde. Die großen Wirtschaftsräume außerhalb Europas wie China und Indien, das Osmanische sowie das Safawidenreich praktizierten in weit geringerem Maße eine solch restriktive Zugangspolitik. Ausnahmen stellten Japan mit beschränkten Zugangsmöglichkeiten und die Niederlande mit liberalen Marktzugangsmöglichkeiten dar. Ließen sich die fremden Märkte nicht auf freiwilliger bzw. vertraglicher Basis öffnen, so setzten die europäischen Mächte Zwang und Gewalt ein (Marktzugangsgewalt, Marktsicherungsgewalt), was schließlich auch für den chinesischen und japanischen Fall Mitte des 19. Jahrhunderts galt. Den umgekehrten Weg eines gewaltsam erzwungenen Zugangs zu europäischen Märkten gab es praktisch nicht.

Ein großer Stellenwert bei der Erschließung neuer Märkte kam den europäischen Handelsgesellschaften zu, die als «institutionelle Innovationen» (Steensgaard) wiederum auf staatlichen Rückhalt setzen konnten. Innovativ war dabei weniger die Gründung von Handelskompanien als staatliche Einnahme- und Umverteilungsquelle. Dies war eher das Modell der portugiesischen «Estado da India» gewesen. Die neuen englischen und niederländischen Kompanien operierten als Vorläufer moderner Kapitalgesellschaften und auf der Basis staatlicher Handelsmonopole und Privilegien als kommerzielle und profitorientierte Organisationen mit dem Ziel der Produktions- und Produktivitätssteigerung sowie der Suche nach neuen Investitionsmöglichkeiten. Dabei spielte vor allem die «Internalisierung von Protektionskosten» (Steensgaard) eine Rolle. Das betraf die Absicherung gegen unvorhersehbare Kosten und Preisfluktuationen durch eine aktive und längerfristig orientierte Beeinflussung der Märkte in Form von Lagerhaltung, die Kontrolle von

Verkaufsmengen und die Durchführung von Auktionen sowie andererseits den Abschluß von Versicherungen und Maßnahmen gegen äußere Gewaltanwendung durch Bewaffnung der eigenen Schiffe. Zugleich basierten die europäischen Handelskompanien auf dem Prinzip des Privateigentums («property rights»), der Möglichkeit zur Mobilisierung großer Kapitalsummen über die Ausgabe von Anteilsscheinen sowie auf der Trennung von Besitz und Geschäftsleitung (Vorformen der Aktiengesellschaft), die, etwa im Falle der East India Company, in einer Charta kodifiziert waren und auch eine gewisse Unabhängigkeit vom Staat garantierte. Die neuen westeuropäischen Handelskompanien waren als «proto-multinationals» (Gelderblom/de Jong/Jonkers) nicht nur den traditionellen Formen der spanischen und portugiesischen Handelsorganisation überlegen, sondern bildeten zugleich die Speerspitze der europäischen Handelsexpansion, wobei sie, wenn nötig, ihre Interessen auch mit Gewalt durchsetzten.

Die besondere Bedeutung der Handelskompanien bei der Mobilisierung großer Kapitalsummen verweist auf weitere Institutionen im Finanzbereich, auf das Bank- und Kreditsystem, auf Börsen und Versicherungen, auf Kaufmannsnetzwerke, die in dieser Dichte, Komplexität und Effektivität – nicht zuletzt als Begleiterscheinung von Staatsbildungsprozessen und Kriegführung – zur «Finanzrevolution» des 17. und 18. Jahrhunderts in Europa führten. Dies wirkte sich auch auf den interkontinentalen Handel aus. Die Entstehung des Bankwesens, die Vergabe von Krediten und Handelswechseln reicht in Europa und hier insbesondere in Italien bis ins frühe 14. Jahrhundert zurück. Finanzielle Innovationen und neue Institutionen wie die «Wisselbank» in Amsterdam (1609) oder die «Riksbank» in Stockholm (1656) ermöglichten internationale Finanztransaktionen, die Vergabe von Krediten und einen bargeldlosen Zahlungsverkehr, während die «Bank of England» (1694) als erste Bank auf Aktienbasis und als Zentralbank ein Monopol auf die Ausgabe von Banknoten besaß. Kredite bildeten eine zentrale Voraussetzung für den rasch wachsenden europäischen Handel, und die Zinsraten lagen in Europa deutlich unter denjenigen in Asien und insbesondere in China, was wiederum auch eine Erklärung für den europäischen Handelsvorsprung darstellt. Der Kommissionshandel stellte ebenfalls eine wichtige Institution im interkontinentalen Handelsverkehr dar. Kommissionäre waren Mittelsmänner zwischen den Produzenten und den Kaufleuten, die etwa im Rahmen des Baumwollhandels auch als Kreditgeber fungierten.

Börsen existierten ebenfalls seit dem späten Mittelalter (Brügge 1409). Sie dienten dem Abschluß von Geschäften und der Beschaffung von Informationen zwischen Kauf- und Bankleuten sowie als Geld-, Kapital- und Wertpapiermarkt. Auf den ebenfalls seit dem Mittelalter bestehenden Messen wurden interregionale Warengeschäfte (Messen der Champagne) im Rahmen des Fernhandels getätigt, die überwiegend über Kredite abgewickelt wurden. Zunehmend gewannen auch spekulative Handelsgeschäfte an den Börsen an Bedeutung, die, vor allem seit dem 17. Jahrhundert, im Sinne von Termingeschäften zur Absicherung zukünftiger Preissteigerungen sowie höherer Gewinnerwartungen stärkere Risiken in Kauf nahmen. Diese konnten allerdings auch zu Blasenbildungen führen, deren Platzen wiederum krisenhafte Entwicklungen nach sich zogen.

Innovative Finanzinstitutionen erhöhten die Leistungsfähigkeit und die Effektivität des europäischen Handels und waren stark zukunfts- und risikoorientiert. Für Fernkaufleute waren sie attraktiv, da sich so Risiken absichern ließen, wie sie sich auf den Meeren infolge von schlechten Wetterbedingungen, Piraterie, kriegerischen Auseinandersetzungen etc. ergaben. Auf diese bewußt eingegangenen Risiken stellten sich die Fernhandelskaufleute («merchant adventurers») einerseits ein, indem sie Entscheidungssicherheit und Entscheidungsrationalität durch verbesserte Informationsbeschaffung zu erhöhen versuchten. Andererseits betrieben sie seit Ende des 15. Jahrhunderts Kapitalrechnungen und doppelte Buchführung, deren konsequente Anwendung allerdings ein langfristiger Prozeß war und selbst im frühen 19. Jahrhundert noch nicht flächendeckend gegeben war. Darüber hinaus spielten aber, insbesondere im Bereich des Seehandels, Versicherungen eine wichtige Rolle. Anders als die

Solidargemeinschaften von Zünften, Gilden oder der Hanse ging es dabei weniger um Möglichkeiten der Schadenskompensation, sondern um im Vorfeld von Risikogeschäften getätigte Prämienzahlungen als Absicherungsstrategien. Erste Versicherungen finden sich im Bereich des Seehandels, der seit dem 16. Jahrhundert somit als Vorreiter der modernen Versicherung («Seeversicherung») gelten kann. Und auch auf diesem Gebiet hatte Großbritannien seit dem 17. Jahrhundert eine Vorreiterrolle. Das gilt zunächst für die Gründung zahlreicher Feuerversicherungen nach dem großen Londoner Brand von 1666 und weitete sich im 18. Jahrhundert auf den Bereich des Gewerbes und des Handels aus. Eine Gruppe von Maklern und Versicherungshändlern, die sich in Lloyd's Coffee House in London trafen, um Risiken im Bereich der Schiffahrt abzudecken, gründete 1763 ein erstes Schiffsregister, 1771 dann die Society of Lloyd's.

Finanzinstitutionen waren kein Alleinstellungsmerkmal europäischer Handelsmächte. So gab es auch im indischen Mogulreich, das bis ins 18. Jahrhundert hinein nicht vom europäischen Handel dominiert wurde, mächtige Händler, die über große Schiffsflotten verfügten und im Überseehandel engagiert waren. Es existierte ein umfangreiches Kreditsystem, wobei Wechselbriefe eine große Rolle spielten. Ebenso gab es eine der europäischen vergleichbare Form des Termingeschäftes zur Stabilisierung der Märkte sowie Schiffspfandbriefe als stark spekulative Geschäftsmöglichkeit. Zudem unterschied sich das Versicherungssystem im Rahmen des Fernhandels nicht wesentlich von den europäischen Einrichtungen des 17. Jahrhunderts. Auch Messen waren weit verbreitet. Das späte 17. Jahrhundert markiert dann auch das «goldene Zeitalter des indischen Seehandels» (Dasgupta). Doch diese Institutionen garantierten keine langfristige Stabilität des indischen Seehandels, und sie waren anfällig für externe Interventionen. Im 18. Jahrhundert setzte der Niedergang des Mogulreiches ein, u. a. verursacht durch interne Konflikte und Revolten einerseits und das Eindringen europäischer Mächte andererseits, nicht zuletzt auch der britischen East India Company. Dies führte zum Niedergang der einstmals erfolgreichen indischen Institutionen, die durch englische Institutionen ersetzt wurden. Dabei wurde auch deutlich, daß es den europäischen Handelskompanien vergleichbare militärisch potente Handelsorganisationen in Indien nicht gab. Der indische Seehandel basierte auf einem eher traditionellen System privater Kaufleute und deren Kooperation, in die sich der Staat wenig einmischte. Dabei spielten soziale Bindungen, die Rolle der Familie und die gemeinschaftliche Nutzung von Schiffen eine große Rolle. Weder bildeten sich Monopole, noch gab es einen besonderen Schutz des maritimen Handels von Seiten des Staates. Rechtliche Kodifikationen und ein Vertragswesen waren wenig ausgeprägt und gewannen erst durch die East India Company im 18. Jahrhundert an Bedeutung. Und auch militärischer Widerstand gegen das Eindringen der Europäer war in Ermangelung einer eigenen indischen Kriegsflotte nicht möglich, so daß diese institutionellen Schwächen das Vordringen der Engländer auf dem indischen Subkontinent begünstigten.

Eine entsprechende staatliche Absicherung und Unterstützung fehlte auch den chinesischen Händlern und Kaufleuten im interkontinentalen Handel. Dementsprechend gab es auch in China keine den europäischen Handelskompanien vergleichbaren «innovativen Institutionen». Das gilt auch für Finanzinstitutionen wie Banken und Kreditmärkte, die deutlich weniger ausgeprägt waren als in Europa. Chinesische Zinsraten lagen deutlich über denjenigen in Europa. Für chinesische Kaufleute galten zudem andere Rechtsprinzipien und eine deutlich geringere Autonomie gegenüber dem Staat. Zwar gab es durchaus gildeähnliche Zusammenschlüsse von Kaufleuten zu Handelsorganisationen (hang) im Bereich des maritimen Handels, die auch zum Teil über Exklusivrechte zum Handel mit Ausländern verfügten (co-hong), doch waren diese in viel stärkerem Maße als die europäischen Kompanien vom Staat abhängig, durften nicht kollektiv verhandeln, verfügten über keine Charta und auch nicht über die Möglichkeit der Mobilisierung von Fremdkapital, so daß sie keine den europäischen Handelsgesellschaften vergleichbaren Handlungsspielräume besaßen.

Ähnliches gilt auch für das Osmanische Reich. Zwar gab es eine ausgeprägte staatliche Bürokratie, und die militärische Expansion des «Gunpowder Empires» zog auch eine Ausweitung des (See-)Handels nach sich, aber der Staat fungierte eher als Kontrolleur denn als Förderer und Schutzmacht der Kaufleute. Das zeigte sich auch im Fehlen einer dem europäischen Merkantilismus entsprechenden Wirtschaftspolitik. Auch gab es keine den europäischen Handelsgesellschaften vergleichbare «innovative Institution» des Fernhandels. Das Fehlen vergleichbarer Finanzinstitutionen dürfte sich dagegen weniger nachteilig auf den Handel ausgewirkt haben, als es das islamische Zinsverbot und das Nichtvorhandensein eines entsprechendes Banksystems erwarten lassen. Dieses wurde einerseits umgangen bzw. kompensiert durch familiäre Netzwerke sowie islamische Geschäftspartnerschaften und Stiftungen, die Anleihe- und Darlehensmöglichkeiten zur Verfügung stellten und die insgesamt sogar zu einer Kreditexpansion führten. Die Zinsraten lagen jedoch im 17. und 18. Jahrhundert deutlich über dem europäischen Niveau. Pamuk spricht deshalb einerseits von pragmatischen und flexiblen, andererseits von traditionellen Institutionen und einem selektiven Interventionismus, der bis ins 19. Jahrhundert intakt blieb und für Stabilität sorgte, dem aber andererseits die innovative Kraft europäischer Institutionen fehlte.

Den Fernhandel befördernde und unterstützende Institutionen gab es insofern in allen großen Weltwirtschaftsregionen, so daß der interkontinentale Wirtschaftsaustausch und die Integration der Weltwirtschaft insgesamt davon profitierten. Die Breite und Ausdifferenzierung von Institutionen war allerdings in Europa ausgeprägter als in anderen Regionen der Welt, in denen ein eher selektives Angebot von Institutionen und ein selektiver institutioneller Wandel zu beobachten ist. Zudem verfügten die europäischen Institutionen vor allem in Form der Handelskompanien über einen Innovationsvorsprung, der zusammen mit entsprechenden Mitteln der Marktdurchsetzungs- und der Markterhaltungsgewalt sowie der unterstützenden Rolle des Staates in einer «Mischung aus Freiheit, Regulierung und Zwang» (Peer Vries) die europäische (Handels-)Dominanz beförderte. Dies zeigte sich etwa am Beispiel der Durchsetzung europäischer Rechtsvorstellungen in Bengalen seit Ende des

18. Jahrhunderts oder mit Blick auf die «ungleichen Verträge», die ab Mitte des 19. Jahrhunderts die Öffnung der chinesischen Häfen erzwang. Sogenannte «Vertragshäfen» stellten exterritoriale Gebiete dar, in denen der Handel nach europäischen Regeln und Gesetzen inklusive eigener Gerichtsbarkeit abgewickelt wurde und die zur Verbreitung europäischer Rechtsvorstellungen beitrugen, was wiederum auch Fortschritte bei der Entwicklung zivilgesellschaftlicher Strukturen in den betreffenden Gebieten mit sich brachte.

Zwang und Gewalt stellten nicht die Normalform europäischer Handelspraktiken dar, sondern bildeten häufig eine Art Drohkulisse, die dann als letztes Mittel der Interessendurchsetzung fungierte. Statt harter und bisweilen militanter Konkurrenz lassen sich Formen friedlicher Konkurrenz beobachten, bei denen chinesische und indische Händler sich erfolgreich gegen die Europäer behaupteten bzw. diese zu ihren Gunsten gegeneinander ausspielten. Nicht selten kam es zu einer Interessenergänzung bis hin zu «Interessensymbiosen» zwischen europäischen und chinesischen bzw. indischen Kaufleuten, die etwa in der Form des Zwischenhandels und von Vermittlerfunktionen wirksam wurden. Zudem verfügten auch nicht alle europäischen Handelskompanien über vergleichbaren Einfluß und Machtpositionen wie die VOC oder die EIC. Ein Großteil des Handels lief über private Handelshäuser und familiäre Netzwerke und unterschied sich damit nicht sehr stark von informellen Zusammenschlüssen und Handelsorganisationen indischer oder chinesischer Kaufleute. Gleichwohl versuchten die europäischen Handelsmächte, allen voran Großbritannien, die Regeln des interkontinentalen Handels und des Eigentums nach ihren Vorstellungen zu gestalten. Ausgehend von der auf Grotius zurückgehenden Vorstellung eines «mare liberum» galten neben Piraten alle diejenigen als Gegner und Feinde, die sich diesen Ordnungsvorstellungen widersetzten. Die Royal Navy verstand sich dementsprechend als eine staatliche Institution zur weltweiten Durchsetzung des britischen wie auch des Völkerrechts. Zwar gab es im britischen Empire auch rechtspluralistische Vorstellungen, die einheimisches Recht akzeptierten und anwandten, doch spielte dies im Zuge der Durchsetzung der «Pax Britannica» seit den 1840er Jahren eine immer geringere Rolle. Insofern kam es hier zu einer Universalisierung europäischer bzw. vor allem britischer Rechtskonzepte des Welthandels, der zunehmend als Freihandel definiert wurde.

8. Fazit

Der Aufstieg der Weltwirtschaft im Sinne einer zunehmenden Integration und Verflechtung wirtschaftlicher Großregionen begann mit der Entdeckung der Amerikas und war in erster Linie die Folge europäischer Anstrengungen und Initiativen. Das europäische Interesse an Luxusgütern, an Gewürzen und Edelmetallen, die «Neu-Gier» zunächst der Spanier und Portugiesen, gefolgt von Briten, Franzosen und Niederländern sowie der innereuropäische Wettbewerb um politische Vormachtstellung und wirtschaftlichen Erfolg entwickelten eine Dynamik, in deren Folge es seit dem 16. Jahrhundert zu einer Auflösung des bis dahin bestehenden polyzentrischen Gleichgewichts zugunsten einer europäischen Dominanz der Weltwirtschaft kam. Europa war nicht länger der «ferne Westen Eurasiens» (John Darwin), sondern zunehmend das Zentrum einer sich entwickelnden Weltwirtschaft, von wo aus die transatlantischen und die transpazifischen Wirtschaftsbeziehungen miteinander verknüpft wurden. Das soll nicht heißen, daß nicht auch andere Großregionen umfangreiche wirtschaftliche Aktivitäten entfalteten und dort ein intensiver wirtschaftlicher Austausch sowie ein umfangreicher Handel betrieben wurden. China und Indien waren rein quantitativ gesehen noch bis ins 19. Jahrhundert die größten Wirtschaftsregionen der Welt. Auch im Osmanischen Reich, in Japan sowie in Teilen Afrikas existierten wichtige Wirtschaftszentren, die innerhalb ihres Einflußbereichs von großer Bedeutung waren. Doch gingen von dort wenige Impulse zur interkontinentalen und damit weltwirtschaftlichen Verknüpfung aus.

Die europäischen Expansionsbestrebungen, der europäische Kolonialismus auf der einen Seite und der teils erzwungene, teils selbstgewählte Rückzug aus weltwirtschaftlichen Zusammenhängen (China, Japan) verstärkten diese Trends in Richtung einer «Great Divergence» zwischen Europa und Asien.

Es waren vor allem fünf Faktoren(-bündel), die den Aufstieg der Weltwirtschaft, die Interaktion zwischen verschiedenen Wirtschaftsregionen weltweit im Sinne einer «Proto-Globalisierung» vorantrieben:

1. Im Zeitalter der «malthusianischen Wirtschaft» läßt sich zwar nur ein gemäßigtes Bevölkerungswachstum weltweit beobachten, doch sorgten Migrationsbewegungen von Arbeitskräften, Siedlern und Kaufleuten für eine wirtschaftliche Dynamik auf Arbeitsmärkten sowie hinsichtlich des Ideen- und Technologieaustauschs. Durch den Sklavenhandel verließen Millionen Arbeitskräfte den afrikanischen Kontinent in Richtung der Amerikas und bildeten dort die Basis der europäischen Plantagenwirtschaft als Teil des «atlantischen Dreiecks». Sklavenhandel und Zwangsmigration waren jedoch kein rein europäisches Phänomen und lassen sich u. a. auch im islamischen Wirtschaftsraum und im Austausch mit asiatischen Regionen beobachten. Im Zuge des Kolonialismus ließen sich europäische Siedler als freiwillige Arbeitskräfte in den Kolonien nieder. Reisen, Niederlassungen und Netzwerke von Kaufleuten forcierten den Wirtschafts- und Technologieaustausch nicht nur zwischen Europa, Amerika und Asien. In größerem Umfang ließen sich chinesische Händler in Südostasien nieder und prägen die Region bis heute. Die freiwillige Migration von Arbeitskräften nahm vor allem während der krisenhaften Entwicklungen in Europa im 19. Jahrhundert zu, in deren Folge mehrere Millionen Menschen in Richtung Nord- und Südamerika aufbrachen. In dieser Übergangsphase von der «Proto-Globalisierung» zur ersten Globalisierungsphase gegen Ende des 19. Jahrhunderts lassen sich deutliche Konvergenzprozesse im Bereich der Arbeitslöhne ausmachen. Mit den Menschen wanderten schließlich auch Pflanzen und Tiere um die Welt. Der «Kolumbische Austausch»

führte zu grundlegenden Veränderungen und auch zu einer gewissen Angleichung der Ernährungsgewohnheiten und der landwirtschaftlichen Produktion weltweit.

2. Wirtschaftliche und gesellschaftliche Kontakte mit anderen Regionen der Welt waren begleitet von weltlichen und geistlichen Ideen und Einstellungen, die den wirtschaftlichen Austausch befördern oder auch behindern konnten. Europäische Expansionsbestrebungen, gepaart mit europäischer Neu-Gier, standen seit dem 16. Jahrhundert sicherlich in der Tradition des christlichen Missionsgedankens und der Kreuzzugsidee und waren geprägt durch eine hohe Risikobereitschaft, die zugleich Ausdruck einer «Kultur der Offenheit» war. Sie brachte im Zeitalter der Aufklärung zunehmend eine reflektierte Auseinandersetzung mit dem «Eigenen» und dem «Fremden» mit sich. Eine vergleichbare Kombination aus Expansion und Weltoffenheit findet sich in anderen Regionen der Welt nicht. Religiöses Expansionsstreben im Islam führte im Osmanischen Reich kaum zu einer kulturellen Öffnung, zu Kontaktsuche und Wissensaustausch, so daß dies auch den Technologietransfer und damit ein ökonomisches «catching-up» behinderte. Ähnliche Rückzugs- und (relative) Abschließungstendenzen lassen sich auch in Japan (hier vor allem in Reaktion auf aggressive Missionsbestrebungen aus Europa) oder in China (als Teil der Imperienbildung) beobachten. Gleichzeitig praktizierten die europäischen Mächte mit der merkantilistischen Wirtschaftspolitik eine selektive und bisweilen aggressive Form der Öffnung und Abschließung, der die anderen Wirtschaftsmächte nur wenig entgegenzusetzen hatten. Die wiederum von Europa ausgehenden Ideen des Liberalismus und des Freihandels mündeten im 19. Jahrhundert in eine Form des «Freihandelsimperialismus», die die europäische Dominanz weiter verstärkte.

3. und 4. verstärkten Innovationen, technisches Wissen und Techniktransfers einerseits und Aggressivität und Gewaltanwendung andererseits die weltwirtschaftliche Integration, die eine spezifisch europäische Kombination aus «Geist und Gewalt» hervorbrachten. Und auch hier gilt, ähnlich wie mit Blick auf die ökonomische Stärke: Europa bzw. die europäischen

Mächte waren bis ins 15. und 16. Jahrhundert keineswegs führend auf dem Gebiet der Technik und der Naturwissenschaften. Das gilt auch für die Transporttechnologie und insbesondere den Schiffbau, die Nautik und Navigation, die mit Blick auf die weltwirtschaftlichen Verflechtungen hier im Mittelpunkt stehen. Zum einen ist zu betonen – und dies konnte u. a. an einem technikhistorischen Detail wie der Segelkonstruktion verdeutlicht werden –, daß Innovationen über einen langen Zeitraum betrachtet auf gegenseitiger Beeinflussung und Transfers beruhten, die eine eindeutige Zuordnung einzelner Innovationsschritte zu bestimmten Regionen und Akteuren oftmals schwierig erscheinen lassen. Zum anderen zeigt sich seit dem 16. Jahrhundert ein zunehmendes europäisches Innovationspotential, welches u. a. auf einen militärisch-technischen Komplex infolge des Wettbewerbs sowie auch von Techniktransfers der europäischen Mächte untereinander zurückzuführen ist. Dieser brachte bis zum 19. Jahrhundert einen deutlichen europäischen Vorsprung auf diesem Gebiet hervor und ermöglichte schließlich den Übergang zur «Industriellen Revolution». In China lassen sich in diesem Zeitraum keine vergleichbaren technischen Entwicklungen beobachten, und auch der Technologietransfer bzw. der Technologieimport gelingt hier, ebenso wie etwa im islamischen Wirtschaftsraum, nicht im gleichen Umfang und mit der gleichen Intensität wie in Europa. Das Beispiel des «indischen Pfades» bietet Hinweise darauf, daß im Zuge des Kolonialismus erfolgversprechende technologische Entwicklungen auch gewaltsam unterbunden werden konnten.

5. Schließlich unterstützten Institutionen den Prozeß der weltwirtschaftlichen Integration. Dies zeigte sich etwa im Zuge der Staatsbildungsprozesse der Frühen Neuzeit und der mit ihnen verbundenen Handelspolitik. In Europa ist hier vor allem der Merkantilismus in seinen unterschiedlichen Ausprägungen zu erwähnen, für den Sven Beckert synonym den Begriff des «Kriegskapitalismus» gebraucht. Dabei ist zu betonen, daß die wirtschaftlichen Austauschprozesse weltweit zu einem Großteil friedlich verliefen. Andererseits zeigt sich hier einmal mehr die Fähigkeit der europäischen Handelsmächte, etwa in Form der

Handelskompanien, «institutionelle Innovationen» hervorzubringen, die auf der Basis von «property rights» in einer Mischung aus privatwirtschaftlicher Initiative und staatlicher Absicherung interkontinentalen Handel betrieben, die in anderen Regionen der Welt keine Entsprechung fand. Nicht umsonst gelten die europäischen Handelskompanien als «Proto-Multinationals». Flankiert wurden diese Institutionen durch innovative Finanzinstitutionen. Auch diese gab es ansatzweise in anderen Regionen der Welt, doch erwiesen sie sich, z. T. aufgrund von internen Krisen und Konflikten als langfristig weniger stabil, erfuhren nicht in gleichem Maße eine staatliche Absicherung oder Unterstützung wie in Europa oder wurden infolge europäischer Intervention zerstört bzw. durch europäische Institutionen ersetzt. «Geist und Gewalt» bildeten also auch auf diesem Gebiet die Grundlage für den Aufstieg der europäisch dominierten Weltwirtschaft.

Mitte des 19. Jahrhunderts befand sich Europa – im Zeitalter des Imperialismus, des Nationalismus und der Industrialisierung – auf dem Höhepunkt seiner ökonomischen und politischen Macht. Und während der Begriff der «Great Divergence» diese Machtstellung mit Blick auf das überlegene Wirtschaftspotential Europas gegenüber den anderen Regionen der Welt, insbesondere den einstmals größten Volkswirtschaften Chinas und Indiens, betont, verweist die «erste Globalisierungsphase» gegen Ende des 19. Jahrhunderts auf eine weitere Beschleunigung der weltwirtschaftlichen Integration, die dann durch den Ersten Weltkrieg, die Zwischenkriegszeit und den Zweiten Weltkrieg im Sinne eines «Globalisation backlash» ausgebremst wurde. Erst in der zweiten Hälfte des 20. Jahrhunderts erreichte der Verflechtungsgrad der Wirtschaft wieder die Dimensionen und die Intensität der Zeit vor 1914 und mündete um die Jahrtausendwende in eine zweite Globalisierungsphase.

Dabei wirkten unterschiedliche Faktoren der Integration – oder auch der Desintegration – auf vielfältige Weise zusammen und bildeten jeweils spezifische Muster der weltwirtschaftlichen Verflechtung. Zwischen dem 16. und dem 19. Jahrhundert gingen die Verflechtungsimpulse weitgehend von Europa aus und markierten eine Entwicklung von einer polyzentrischen Weltwirtschaft zur Dominanz Europas. Dessen Rolle politischer, militärischer und ökonomischer Vorherrschaft übernahmen im 20. Jahrhundert die USA, während wir uns im 21. Jahrhundert wieder in Richtung einer polyzentrischen Weltwirtschaft bewegen, in der sich Indien und China anschicken, die Bedeutung als größte Volkswirtschaften der Welt wiederzuerlangen.

Danksagung

Für eine kritische Durchsicht des Manuskriptes und wertvolle Hinweise und Ergänzungen bedanke ich mich herzlich bei Mark Jakob, Werner Plumpe und Margrit Schulte Beerbühl sowie bei Sebastian Ullrich für die umsichtige und wertvolle Lektoratsarbeit.

Literaturauswahl

Abu-Lughod, Janet L.: Before European Hegemony. The World System A.D. 1250–1350, New York u.a. 1989.

Acemoglu, Daron/Robinson, James A.: Warum Nationen scheitern. Die Ursprünge von Macht, Wohlstand und Armut, Frankfurt/Main 2013.

Allen, Robert C.: The British Industrial Revolution in Global Perspective, Cambridge 2009.

Allen, Robert C.: Global Economic History. A Very Short Introduction, Oxford u.a. 2011.

Angster, Julia: Erdbeeren und Piraten. Die Royal Navy und die Ordnung der Welt 1770–1860, Göttingen 2012.

Bairoch, Paul: Economics & World History. Myths and Paradoxes, Chicago 1995.

Bayly, Christopher A.: Die Geburt der modernen Welt. Eine Globalgeschichte 1780–1914, Frankfurt/Main 2006.

Beckert, Sven: King Cotton. Eine Geschichte des globalen Kapitalismus, München 2014.

Berg, Maxine: In Pursuit of Luxury: Global History and British Consumer Goods in the Eighteenth Century, in: Past and Present, Vol. 182, 2004, S. 85–142.

Bin Wong, R.: China Transformed. Historical Change and the Limits of European Experience, Ithaca/London 1997.

Boserup, Ester: Population and Technology, Oxford 1981.

Braudel, Fernand: Sozialgeschichte des 15.–18. Jahrhunderts. Aufbruch zur Weltwirtschaft, München 1986.

Braudel, Fernand, Sozialgeschichte des 15.–18. Jahrhunderts. Der Handel, München 1986.

Broadberry, Stephen/O'Rourke, Kevin H. (Hg.): The Cambridge Economic History of Modern Europe, Vol. 1: 1700–1870, Cambridge 2010.

Chaudhuri, K. N.: Asia before Europe. Economy and Civilization of the Indian Ocean from the Rise of Islam to 1750, Cambridge u.a. 1990.

Chauduri, K. N.: Foreign Trade, in: Rachaudhuri, Tapan/Habib, Irfan (ed.): The Cambridge Economic History of India, Vol. 1: 1200–1750, Cambridge etc. 1982, S. 382–406.

Clark, Gregory: A Farewell to Alms. History of the World, Princeton 2007.

Conermann, Stephan: Südasien und der Indische Ozean, in: Wolfgang Reinhard (Hg.): Geschichte der Welt 1350–1750. Weltreiche und Weltmeere, München 2014, S. 369–509.

Darwin, John: Der imperiale Traum. Die Globalgeschichte großer Reiche 1400–2000, Frankfurt/Main 2010.

Dasgupta, A.: Indian Merchants and the Trade in the Indian Ocean, in: Raichaudhuri, Tapan/Habib, Irfan (ed.): The Cambridge Economic History of India, Vol. 1: 1200–1750, Cambridge etc. 1982, S. 407–433.

Dobado-Gonzales, Rafael/Garcia-Hiernaux, Alfredo/Guerrero-Burbano, David: West versus East: Early Globalization and the Great Divergence (MPRA Working Paper, http://mpra.ub.uni-muenchen.de/48773/).

Faroqhi, Suraiya, Das Osmanische Reich und die islamische Welt, in: Wolfgang Reinhard (Hg.): Geschichte der Welt 1350–1750. Weltreiche und Weltmeere, München 2014, S. 219–367.

Feldbauer, Peter/Lehners, Jean-Paul (Hg.): Die Welt im 16. Jahrhundert, Wien 2008.

Ferguson, Niall: Der Aufstieg des Geldes. Die Währung der Geschichte, Berlin 2008.

Findlay, Roland/O'Rourke, Kevin H.: Power and Plenty. Trade, War, and the World Economy in the Second Millennium, London 2009.

Foreman-Peck, James: A history of the world economy, Harlow 1995.

Gelderblom, Oskar/de Jong, Abe/Jonker, Joost: The institutional coevolution of proto-multinationals. The formative Years of the Modern Corporation: The Dutch East India Company VOC, 1602–1623 (URL: http://ideas.repec.org/p/ems/eureri/32952.html).

Häberlein, Mark: Die Fugger. Geschichte einer Augsburger Familie (1367–1650), Stuttgart 2006.

Hausberger, Bernd (Hg.): Die Welt im 17. Jahrhundert, Wien 2008.

Hausberger, Bernd/Lehners, Jean-Paul (Hg.): Die Welt im 18. Jahrhundert, Wien 2011.

Hoffman, Philip T.: Why did Europe Conquer the World?, Princeton 2015.

Höllmann, Thomas O.: Als die Löwen nutzlos wurden. Anmerkungen zum chinesischen Tributsystem unter den Dynastien Ming (1368–1644) und Qing (1644–1911), in: Wolfgang Reinhard/Justin Stagl (Hg.): Menschen und Märkte. Studien zur historischen Wirtschaftsanthropologie, Wien/Köln/Weimar 2007, S. 159–172.

Hopkins, A. G. (Hg.): Globalization in World History, London 2002.

Immigrant Entrepreneurship: German-American Business Biographies, 1720 to the Present, Vol. 1, edited by Marianne S. Wokeck. German Historical Institute. Last modified July 24, 2014. http://www.immigrantentrepreneurship.org/

Inikori, Joseph E.: Reversal of Fortune and Socioeconomic Development in the Atlantic World. A Comparative Examination of West Africa and the Americas, 1400–1850, in: Emmanuel Akyeambong u. a. (ed.): Africa's Development in Historical Perspective, New York 2014, S. 56–88.

Isenmann, Moritz: War Colbert ein «Merkantilist»?, in: ders. (Hg.): Merkantilismus. Wiederaufnahme einer Debatte, Stuttgart 2014, S. 143–167.

Jones, Eric: The European Miracle. Environments, Economies and Geopolitics in the History of Europe and Asia, Cambridge u.a. 2003.

Kennedy, Paul: Aufstieg und Fall der großen Mächte. Ökonomischer Wandel und militärischer Konflikt von 1500 bis 2000, Frankfurt/Main 1991.

Kocka, Jürgen: Geschichte des Kapitalismus, München 2013.

König, Hans-Joachim: Kolonialismus, in: Enzyklopädie der Neuzeit, Bd. 6, hg. v. Friedrich Jäger, Stuttgart/Weimar 2007, Sp. 873–886.

Kriedte, Peter/Medick, Hans/Schlumbohm, Jürgen: Industrialisierung vor der Industrialisierung, Göttingen 1978.

Livi-Bacci, Massimo: A Concise History of World Population, Malden/Oxford/Victoria 2007.

Lucassen, Jan/Unger, Richard W.: Shipping, Productivity and Economic Growth, in: Richard W. Unger (ed.): Shipping and Economic Growth 1350–1850, Leiden/Boston 2011, S. 3–44.

Maddison, Angus: The World Economy. Vol. 1: A Millennial Perspective; Vol. 2: Historical Statistics, Paris 2006.

Maddison, Angus: Contours of the World Economy, 1–2030 AD, Oxford 2007.

Mann, Charles: Kolumbus Erben. Wie Menschen, Tiere, Pflanzen die Ozeane überquerten und die Welt von heute schufen, Reinbek b. Hamburg 2013.

Mann, Michael (Hg.): Die Welt im 19. Jahrhundert, Wien 2009.

Marks, Robert M.: Die Ursprünge der modernen Welt. Eine globale Weltgeschichte, Darmstadt 2006.

Mintz, W. Sidney: Die süße Macht. Kulturgeschichte des Zuckers, Frankfurt/Main 1987.

Mitterauer, Michael: Kaufleute an die Macht. Voraussetzungen des Protokolonialismus in den italienischen Seerepubliken am Beispiel Pisa, in: Wolfgang Reinhard/Justin Stagl (Hg.): Menschen und Märkte. Studien zur historischen Wirtschaftsanthropologie, Wien/Köln/Weimar 2007, S. 229–268.

Mokyr, Joel: The Enlightened Economy. Britain and the Industrial Revolution 1700–1850, London u.a. 2009.

Münkler, Herfried: Imperien. Die Logik der Weltherrschaft, Berlin 2005.

Nagel, Jürgen: Abenteuer Fernhandel. Die Ostindien-Kompanien, Darmstadt 2007.

Needham, Joseph: Science and Civilisation in China, with collaboration of Wang Ling and Lu Gwei-Djen, Vol. 4, Part 3, Civil Engineering and Nautics, Cambridge 1971.

Niehans, Jürg: A History of Economic Theory. Classic Contributions, 1720–1980, Baltimore 1990.

North, Douglass: Ocean Freight Rates and Economic Development, in: Journal of Economic History Vol. 18, No. 4, 1958, S. 537–555.

North, Douglass/Wallis, John Joseph/Weingast, Barry R.: Gewalt und Gesellschaftsordnungen. Eine Neudeutung der Staats- und Wirtschaftsgeschichte, Tübingen 2011.

Ogilvie, Sheilag C./Cerman, Markus (Hg.): European Proto-Industrialization, Cambridge etc. 1996.

Oltmer, Jochen: Globale Migration, München 2012.

O'Rourke, Kevin H./Williamson, Jeffrey G.: Globalization and History. The Evolution of a Nineteenth-Century Atlantic Economy, Cambridge/London 1999.

Osterhammel, Jürgen: Die Verwandlung der Welt. Eine Geschichte des 19. Jahrhunderts, München 2009.

Pamuk, Sevket: The Ottoman Economy and its Institutions, Farnham/Burlington 2009.

Parthasarathi, Prasannan: Why Europe Grew Rich and Asia did not. Global Economic Divergence, 1600–1850, Cambridge etc. 2011.

Persoon, Karl Gunnar: An economic history of Europe, Cambridge u.a. 2010.

Pfister, Ulrich: Die Entstehung der europäischen Weltwirtschaft (ca. 1450–1850): ein endogenes Modell, in: Jahrbuch für Wirtschaftsgeschichte 2003/2, S. 57–81.

Plessis, Sophia du/Jansen, Ada/von Fintel, Dieter: Slave Prices and Productivity at the Cape of Good Hope from 1700 to 1725: did everyone win from the trade? (Stellenbosch Economic Working Papers 17/14).

Plumpe, Werner: Die Geburt des «Homo Oeconomicus». Historische Überlegungen zur Entstehung und Bedeutung des Handlungsmodells der modernen Wirtschaft, in: Wolfgang Reinhard/Justin Stagl (Hg.): Menschen und Märkte. Studien zur historischen Wirtschaftsanthropologie, Wien/Köln/Weimar 2011, S. 319–352.

Pomeranz, Kenneth: The Great Divergence. China, Europe, and the Making of the Modern World Economy, Princeton 2000.

Pomeranz, Kenneth/Topik, Stephen: The World that Trade Created. Society, Culture, and the World Economy, 1400 to the Present, New York 2013.

The Oxford Handbook of the Atlantic World 1450–1850, Oxford 2011.

Raychaudhuri, Tapan: Mughal India, in: Raychaudhuri, Tapan/Habib, Irfan (ed.): The Cambridge Economic History of India, Vol. 1: 1200–1750, Cambridge etc. 1982, S. 261–307.

Reinhard, Wolfgang: Geschichte der europäischen Expansion, Bd. 1–4, Stuttgart u.a. 1983–1990.

Reinhard, Wolfgang: Die Unterwerfung der Welt. Globalgeschichte der europäischen Expansion 1415–2015, München 2016.

Reinhard, Wolfgang: Europa und die atlantische Welt, in: Wolfgang Reinhard (Hg.): Geschichte der Welt 1350–1750. Weltreiche und Weltmeere, München 2014, S. 669–831.

Rosenthal, Jean-Laurant/Bin Wong, R.: Before and Beyond Divergence. The Politics of Economic Change in China and Europe, Cambridge/London 2011.

Rothermund, Dietmar: Indiens wirtschaftliche Entwicklung: von der Kolonialherrschaft zur Gegenwart, Paderborn 1985.

Schulte Beerbühl, Margrit, Deutsche Kaufleute in London. Welthandel und Einbürgerung (1600–1818), München 2007.

Sezgin, Fuat: Geschichte des arabischen Schrifttums, Band XIII: Mathematische Karthographie und Karthographie im Islam und ihr Fortleben im Abendland, Frankfurt/Main 2007.

Sieg, Ulrich: Geist und Gewalt: Deutsche Philosophen zwischen Kaiserreich und Nationalsozialismus, München 2013.

Steensgaard, Niels: The Asian Trade Revolution of the Seventeenth Century. The East India Companies and the Decline of the Caravan Trade, Chicago/London 1974.

Tilly, Charles: Coercion, Capital, and European States, AD 990–1992, Malden u.a. 2005.

Topic, Steven C./Wells, Allen: Warenketten in einer globalen Wirtschaft, in: Akira Iriye/Jürgen Osterhammel (Hg.): Geschichte der Welt 1870–1945. Weltmärkte und Weltkriege, München 2012, S. 590–814.

Vries, Jan de: The First Modern Economy. Success, Failure, and Perseverance of the Dutch Economy, 1500–1815, Cambridge etc. 1997.

Vries, Jan de, The Industrious Revolution. Consumer Behaviour and the Household Economy, 1650 to the Present, Cambridge 2008.

Vries, Peer: Ursprünge des modernen Wirtschaftswachstums. England, China und die Welt in der Frühen Neuzeit, Göttingen 2013.

Wallerstein, Immanuel Maurice: The Modern World-System, Bd. 1–4, New York 1974–2011.

Walter, Dierk: Organisierte Gewalt in der europäischen Expansion. Gestalt und Logik des Imperialkrieges, Hamburg 2014.

Walter, Rolf: Geschichte der Weltwirtschaft. Eine Einführung, Köln u.a. 2006.

Weber, Klaus: Deutsche Kaufleute im Atlantikhandel 1680–1830, München 2004.

Wenzlhuemer, Roland: Connecting the Nineteenth-Century World. The Telegraph and Globalization, Cambridge u.a. 2013.

Wong, Roy Bin: China transformed. Historical Change and the Limits of European Experience, Ithaca/London 1997.

Wrigley, E.A.: Energy and the English Industrial Revolution, Cambridge 2010.

Vordere Umschlaginnenseite © Peter Palm, Berlin, nach: K.N. Chaudhuri: The Trading World of Asia and the English East India Company, 1660–1760, Cambridge 1978, S. 15.

Hintere Umschlaginnenseite: nach Wolfgang Reinhard, Geschichte der europäischen Expansion, Bd. 2, S. 142.

Ortsregister

Sachregister